Brigitte Riedl / Ursula Safar

Blicke ins Leben und zurück

Geschichten und Gedichte

Impressum
© Verlag epubli GmbH Berlin, www.epubli.de, 2017
Alle Rechte verbleiben bei den Autoren,
Nachdruck, auch auszugsweise, ist nicht gestattet
Preis: 11,90 €

Wir danken unserer Freundin

Grażyna Werner

für die Erlaubnis zum Veröffentlichen einiger ihrer
Geschichten und Gedichte

Lebenszeit

Des Kindes drängende Ungeduld,
der Jugend eiferndes Streben
eilt rastlos dem Leben entgegen.

Hoffnungsvolles Bemühen,
Werden, Wachsen und Wirken
zum sich stets ändernden Ziel.

Im Alter erst Besonnenheit
erkennt so manche Tage, Jahre,
die leer, fast ohne Sinn vergangen.

So viele Zeit nutzlos vertan!
Doch ist zum Trost ja noch geblieben
ein Rest.

Ursula Safar

Inhalt

Seite

Kinder, Kinder – diese Kinder

Eine kleine dreijährige Plappertasche	9
Streit zweier Zwerge	10
Aus der Sicht eines Vierjährigen	12
Ernährungsfrage	13
Locke und Sine	15
Frauentag oder Der kleine Junge und der Tulpenstrauß	19
Das Kind und die Blumen	21
Geschichten, die das Leben schreibt	22
Im Morgenlicht eines Sommertages	24
Ende der Kindheit	25

Interessanter Alltag

Ein perfekter Tag	26
Was sind zwei Kilo?	29
Der weiße Pullover	31
Zwei seltene Exemplare	32
Mitten in der Nacht	34
Doppelter Irrtum	35
Im Supermarkt	37
Traum und Wirklichkeit	39
Das unsichtbare Tor	40
Eine wundersame Begegnung	41

Erinnerungen und Erfahrungen

Es begann mit einem halben Liter Milch …	47
… und endete im wahren Leben	49
Berliner Gören	51
Der Fluss	52
Pfingsttreffen 1967 in Karl-Marx-Stadt	56
„Hallo, Sie da!"	58
Ein Herz aus Stein	61
Die Sternstunden	66
Ein liebevolles Andenken	68
Ein schreckliches Erlebnis	71
Auf der Suche nach Heimat	73

Seite

Im Urlaub und auf Reisen

Eine Reise in die Vergangenheit	78
Ehrliche Finder	81
Urlaubsbekanntschaft	83
Die Weinprobe	85
Föhr vor dem Sonnenabschied	89
Gastfreundschaft	90
Urlaub am See	93
Hallig Hooge	95
Eine wundersame Kraft	97
Diese Weite, diese Enttäuschung	100
Dinge zwischen Himmel und Erde	101
Herr F. kennt sich aus	103

Unsinn, Spaß und Fantasie

So allerlei Blödsinn	104
Übermut tut selten gut	105
Ein ganz gewöhnliches Märchen	107
Limericks	114
Die kleinen bunten Männchen	116
Moderne Sprache	118
Such dir ein Sprichwort aus …	120
Auf Wolke 8	123
Die Ansichtskarte	126
Des Lasters Ende	127

Liebe ist Lust und Leid

Hoffnung, Glaube, Sehnsucht	128
Wie ist die Liebe?	129
Pfingstrosen und Lilien	130
Die Berührung deiner Hände	132
Wolken schieben	133
Das muss Liebe sein	134
An meine Schwester	136
Enttäuschung	137
Bittere Erkenntnis	138

Seite

In der Natur erlebt

Zum Beginn – Januar	139
Unsicherheit	140
Der erste Krokus	141
Das Violett	142
Frühling	143
Weißes Leuchten im Mai	144
Das darf nicht passieren …	145
Düfte der Nacht	146
Am Rande bemerkt	147
Im Brombeerdickicht	150
Pilze sammeln im Herbst	151
September – Kastanienzeit	154
Oktober	155
Oktoberluft	156
Momentaufnahme	157
Novemberharmonie	158

Jedes Lied hat eine letzte Strophe

Die bösen Falten	159
Alles im Griff	160
In Gesellschaft	161
Das letzte Spiel	168
Der alte Mann mit der Mundharmonika	169
Im Anblick der Endgültigkeit	171
Am letzten Ort	172
Abschied in die Ewigkeit	173

Kinder, Kinder – diese Kinder

Brigitte Riedl

Eine kleine 3jährige Plappertasche
belauscht von der Oma

Au, Mama, jetzt habe ich mich gestoßen,
Mama, ich mache mir gleich in die Hosen,
Mama, nun puste endlich, sonst krieg ich 'ne Beule,
Mama, du willst doch nicht, dass ich heule?
Mama, heute hab ich den Tom gehauen:
er wollte meinen Turm nicht weiterbauen,
Frau Meier hat dann gesagt, ich bin bös,
Mama, nun sei doch nicht so nervös.
Mama, hast du mich überhaupt noch lieb?
Du warst doch so stolz, dass es mich gibt,
Mama, nun zieh doch nicht so ein Gesicht,
ich bin doch ganz lieb, findest du nicht?
Mama, mein Bruder, der ist erst doof
und dabei ist er doch schon so groß,
er hat gesagt, ich nerve ihn.
Mama, wo willst du schon wieder hin, ...
Mama, will spielen, muss pullern, will essen,
habe ich irgend etwas vergessen?
Mama, was sagst du, ich muss bald ins Bett?
Mama, manchmal bist du aber gar nicht nett.
Na gut, bin auch müde und schlaf bestimmt bald ein.
Es ist gar nicht leicht, ein kleiner Junge zu sein.

(Dann isst er Abendbrot, geht ohne zu murren ins Bett und schläft mit einem träumerischen Lächeln sofort ein. Und Mama kann sich endlich entspannen.)

Brigitte Riedl

Streit zweier Zwerge

Mein vierjähriger Enkel und sein gleichaltriger Cousin spielen auf der Straße mit dem Fahrrad. Sie wohnen in einem kleinen beschaulichen Dorf und die Straße liegt in einer verkehrsberuhigten Zone. Hier fahren nur die Anlieger mit ihren Autos und das auch sehr langsam. Sie kennen die Kinder.

Ich lehne am Hoftor, schaue den beiden zu und sonne mich dabei. Am liebsten möchte ich mir einen Gartenstuhl holen, aber das sieht dann doch zu sehr nach 'alter Frau' aus. Lustiges Kinderlachen. Mein Enkel fährt schon ohne Stützräder, sein Cousin noch nicht.

Plötzlich kippt die Stimmung. Die beiden schreien sich an und beginnen, sich zu schubsen und gegenseitig umzufahren. Ich schaue zunächst nur tatenlos zu. Dann ein Scheppern, Brüllen, Geheul!

Sie haben es tatsächlich geschafft, frontal zusammenzustoßen. Als sie anfangen, mit den Fäusten aufeinander einzuschlagen, greife ich doch ein: „He, ihr Beiden! Wer bezahlt nun die Reparatur eurer Räder?" Ich zeige auf den Haufen Blech, sie hatten ganze Arbeit geleistet. „Der" schreit Tom und zeigt mit dem Finger auf meinen Enkel. „Nee, du! Du hast Schuld!"
Jan stemmt beide Arme in die Hüften. Er ist zwar kleiner als Tom, aber dafür ist er kräftiger.

Kinder, Kinder – diese Kinder

„Wieso hab ich Schuld?" brüllt Tom zurück. „Zeig ich dir gleich", kommt die ebenso laute Antwort. Mir wird klar: Friedensverhandlungen sind hier nicht mehr möglich. Ich werde ungehalten. „Ruhe jetzt, ihr Zwerge!", donnere ich.

Die Reaktion überrascht mich und macht mich stumm.
Beide drehen sich zu mir. „Wir sind keine Zwerge, wir sind schon vier Jahre, also schon groß," sagt Tom entrüstet. Und sein bisheriger Widersacher unterstützt ihn jetzt: „Und schrei uns nicht so an, wir sind nicht taub, Oma! Nur Opas hören schwer und Omas auch. Du bist ja selber vom Fahrrad gefallen, sogar beim Aufsteigen. Nun tut dir immer die Schulter weh. Und du jammerst!" Mein Enkel ist echt wütend.
„Wir Kinder sind nicht so wie ihr." Wer ist IHR? frage ich mich.

Jan sagt plötzlich in einem netten Tonfall:„ Komm Tom, wir müssen unsere Karren reparieren." Dieser nickt ihm freundlich zu und beide nehmen ihre Räder, oder was davon noch übrig ist, und gehen in Richtung Haus an mir vorbei.

Jan dreht sich noch einmal zu mir um. „Wehe du petzt, Oma!"
Er schaut mich grimmig an und Tom tut es ihm nach. Dann verschwinden sie.
Und ich? Ich habe wieder einmal gelernt, dass Kinder ihre Konflikte auf eine wundersame Art alleine lösen können. Und das mit meiner Schulter stimmte auch, daran war ich alleine Schuld gewesen.

Kinder, Kinder – diese Kinder

Brigitte Riedl

Aus der Sicht eines Vierjährigen

He, Mama, was gibt es denn wieder zu lachen?
Du redest mit Oma so alberne Sachen!
He, Mama, was ist denn schon wieder los?
Nun hört doch mal auf – ihr seid doch schon groß!

Ach, Mama, ich will das nicht hören und sehn,
ich möchte jetzt zu meinem Bruder gehen.
Wir werden die Zeit, die du veralberst, nutzen
und schnell mal das Bad blitzeblank putzen.

Im Wohnzimmer saugen, Geschirr abwaschen –
dann seid ihr hoffentlich fertig mit Lachen!
Blumen werden wir gießen, die Betten machen –
seid ihr noch immer nicht fertig mit Lachen?

Nik sagt auch: Das glaubt uns kein Kind,
dass Mamas und Omas so albern noch sind!

Brigitte Riedl

Ernährungsfrage

Mit meinem vierjährigen Enkel Jan in die Kaufhalle zu gehen, ist immer wieder ein Erlebnis. Auch diesmal latscht er lustlos hinter mir her. „Komm endlich!", ermahne ich ihn.
„Ja, ja! – Wo willst du eigentlich hin?", fragt er leicht genervt. „Wir wollen doch Äpfel und Bananen kaufen", erinnere ich ihn.
„Baaaanaaaneen? Will ich nicht!" Er zieht das Wort wie Kaugummi in die Länge. „Ich möchte lieber Puffmais. Oma, kaufst du mir Puffmais? Da ist doch auch Obst drin. Mais ist doch Obst – oder?" „Mais ist Gemüse. Erst holen wir die gesunden Sachen und dann deine Leckereien."
„Versprichst du das?"

Seine Augen leuchten und ich weiß, ich habe verloren. Aber zurück geht nicht mehr. Er vertraut mir und er weiß auch, dass ich mein Wort halte. „Ja. Aber nun komm bitte."

Das „Bitte" wirkt: Er mag es, wenn man ihn ernst nimmt und nicht wie ein Kleinkind behandelt. Und er benutzt das Wort auch.
Den Rest des Einkaufens bringen wir rasch hinter uns, er hilft mir so gut es geht und ist ganz stolz, als wir endlich vor den Süßigkeiten stehen.
„Oma, darf ich?" Große erwartungsvolle Augen sehen mich an. Ich muss lachen. „Na los! Und was noch?"

Kinder, Kinder – diese Kinder

Er hat eine Tüte Puffmais in der Hand, legt den Kopf schief und grinst mich an. „Wenn du mich sowas fragst, dann hätte ich bitte noch eine Tüte Gummibären."

Wir bezahlen und verlassen die Kaufhalle. „Danke, Oma", sagt er noch einmal. „Das gibt es aber erst zu Hause", erkläre ich. „Klaro, Oma – und vorher Hände waschen." Er nickt altklug. „Weiß ich doch, bin ja schon vier Jahre!" Manchmal könnte man ihn nur knuddeln.

Ursula Safar

Locke und Sine

Locke hat eine neue Freundin. Eigentlich heißt er ja Björn Lothar, den zweiten Namen trägt er nach dem seines Großvaters. Als er sprechen lernte, konnte er das schwere Wort 'Björn' überhaupt nicht aussprechen und 'Lothar' klang bei ihm wie 'Locke'. Also blieb es dabei und wenn man sich die fast schulterlange Haarpracht des Jungen ansieht, trifft die Bezeichnung durchaus zu.

Er wohnt mit Mama und Opa in einem kleinen Haus, Papa ist 'weit weg' und Oma im Himmel. Seit drei Wochen ist Locke so viele Jahre alt, wie alle Finger an einer Hand, und er besucht den Kindergarten.

Wie schon erwähnt, hat Locke eine Freundin. Sie heißt Sine und ist unsichtbar. Jedenfalls für alle Erwachsenen. Heute hat der Opa Locke vom Kindergarten abgeholt. Als er die Haustür aufschließt, meint Locke ganz ernsthaft: „Zieh dir aber die Schuhe aus, Sine, sonst darfst du nicht mit rein."

Opa schaut sich verdutzt um: „WER soll sich die Schuhe ausziehen?!" „Na, Sine. Meine Freundin", antwortet Locke in einem Ton, als müsse er Opa erklären, dass am Tag die Sonne scheint – – „Aaaaaa–ha!" macht Opa.
Im Haus hängt der Junge seinen kleinen Rucksack und seine Jacke ordentlich an den Haken der Flurgarderobe, verkündet: „Ich geh mir jetzt mit Sine die Hände waschen," und verschwindet im Bad. Freiwillig.

Kinder, Kinder – diese Kinder

Kopfschüttelnd geht der Mann in die Küche, wo er seine Tochter, Lockes Mutter, antrifft. Die junge Frau ist Krankenschwester in der Klinik und soeben von der Frühschicht gekommen. Sie hat schon den Kaffeetisch gedeckt und für den Jungen Kakao bereitgestellt.

Rasch und im Flüsterton berichtet der Mann von der neuen Situation. Die junge Frau lacht kurz auf, dann meint sie ebenso leise: „Vater, erinnerst du dich noch an Tuffi?"
Und ob er sich erinnert! Als er noch ein junger Mann war und eines Tages mit seinem Töchterchen spazieren ging, zogen beide eine dicke Schnur hinter sich her. Am Ende der Schnur war 'Tuffi', der unsichtbare Hund, angeleint. Dem Vater hatte es damals nichts ausgemacht, wenn die Leute ihnen schmunzelnd nachschauten.
Nach etwa zwei Wochen war Tuffi plötzlich weg. Hatte nie existiert. – Also gut, Opa beschließt, auch bei Sine mitzuspielen.

Locke kommt aus dem Bad und begrüßt die Mama stürmisch. Opa will sich an den Tisch setzen, da schreit der Junge auf: „Nein, Opa! Da sitzt doch Sine!" Der Opa besinnt sich und sagt zu dem leeren Stuhl: „Entschuldige bitte, Sine. Ich war ganz in Gedanken." Dann setzt er sich an die andere Seite des Tisches.
Natürlich muss auch Sine Kakao haben. Locke zeigt ihr, wie man den trinkt – und schon sind die Tassen leer. Später dürfen 'die Beiden' im Kinderzimmer spielen.

Am nächsten Morgen, die Mama musste schon beizeiten in der Klinik sein, frühstücken Opa und Enkel zusammen. Und natürlich mit Sine.

Kinder, Kinder – diese Kinder

Plötzlich nimmt der Mann einen Apfel aus der Obstschale und legt ihn vor den leeren Platz. Dabei sagt er: „Bitteschön, für dich. Jetzt bist du eine Apfel-Sine!" Locke versteht den Wortspaß und lacht. Aber dann nimmt er sich den Apfel und behauptet: „Davon bekommt Sine Bauchschmerzen." Und schon krachen seine Zähnchen in die Frucht.
Opa denkt: „Na warte, du Schlingel. Jetzt weiß ich, wie ich dich dazu bringe, Obst statt Schokoriegel zu essen."

Bevor Locke heute mit dem Opa das Haus verlässt, dreht sich der Junge noch einmal um, schaut zu dem leeren Stuhl und ruft: „Tschüss, Sine – und sei schön artig bis ich wiederkomme!" Und dem Opa trägt er auf: „Du musst Sine Geschichten vorlesen, so wie mir immer, sonst langweilt sie sich." Der Mann gibt ein ernsthaftes Versprechen ab.

Es sind einige Tage vergangen und Sine lebt noch immer mit in dem kleinen Haus. Allmählich wird es für die Erwachsenen anstrengend, ständig etwas zu sehen, was sie nicht sehen. Besonders Opa gehen bald die Ideen aus.

Abends ist Locke quengelig und müde. Die Mama hat heute Nachtschicht in der Klinik und ist schon fortgegangen. Der Mann bringt Locke zeitig ins Bett, natürlich mit dem Teddy und mit Sine. Er liest noch ein wenig, überzeugt sich, dass sein Enkel schläft und legt sich dann selbst zur Ruhe.
Mitten in der Nacht spürt er einen leichten Stoß gegen seine Schulter. Er brummt unwirsch und schläft weiter. Wieder stupst ihn etwas an. Im Aufwachen hört er eine diffuse Stimme in seinem Kopf: „Ich bin Sine. Geh zu Locke. Er braucht dich."

Kinder, Kinder – diese Kinder

„So ein Unsinn – jetzt träume ich den Quatsch auch schon!" schimpft der Opa und dreht sich auf die andere Seite. Aber er ist nun wach und außerdem muss er sowieso mal zum Klo. Auf dem Rückweg schaut er kurz in das andere Zimmer. Der Junge hat das Deckbett weg gestrampelt und schläft unruhig. Der Mann geht zum Bett und sieht die unnatürlich roten Wangen des Kindes. Er fühlt dessen heiße Stirn.

„Kinder bekommen schnell mal Fieber", beruhigt er sich selbst. Aber er holt trotzdem sein Handy und benachrichtigt seine Tochter in der Klinik. Wie man Wadenwickel macht, weiß er. Als er noch dabei ist, ruft seine Tochter zurück. Sie berichtet, dass der Notdienst unterwegs ist.

Locke ist natürlich längst aufgewacht und wimmert leise vor sich hin. Der Opa bleibt an seinem Bett sitzen, streichelt die Hände des Kleinen und redet beruhigend auf ihn ein: „Alles wird wieder gut. Bald kommt Hilfe und dann geht es dir besser. Ich bin ja bei dir." Und einer plötzlichen Eingebung folgend setzt er hinzu: „Und deine Sine ist auch hier."
Da nickt Locke ein wenig und lächelt.

Brigitte Riedl

Frauentag
oder: **Der kleine Junge und der Tulpenstrauß**

Ich steh an der Kasse im Supermarkt, vor mir ein etwa achtjähriger Junge. Er hat einen Strauß Tulpen auf das Band gelegt. Mit einer Hand hält er ihn fest, in der anderen Hand hat er ein Geldstück. Nervös und unruhig schaut er sich um, dann starrt er wieder auf die Blumen.
Ich denke: 'Er ist bestimmt zum ersten Mal alleine einkaufen' und lächle ihm zu, als sein Blick mich trifft. Er lächelt nicht zurück, sondern senkt den Blick wieder. Dann ist er an der Reihe.

Die Frau an der Kasse sieht ihn freundlich an. „2 Euro 99" sagt sie. Er öffnet seine verkrampfte Hand, gibt ihr das Geldstück und greift nach dem Tulpenstrauß.
„Da fehlt aber noch ein Euro. Hast du noch Geld?"

„Was?", erschrocken sieht der Junge die Kassiererin an. „Es fehlt noch ein Euro", wiederholt sie schon etwas genervt. Die Schlange an der Kasse ist lang.
„Nein. – Ich hatte doch aber drei Euro!" Der Junge weint fast. „Na, dann hast du ihn sicher verloren. Geh nach Hause, hol noch einen Euro, und dann kannst du die Tulpen haben. Anders geht es nicht." Die Kassiererin zuckt mit den Schultern, sie schaut mich irgendwie hilflos an.

Der Junge steht starr und Tränen laufen über sein Gesicht. Es sind Tränen der Enttäuschung. Er weiß nicht, was er nun machen soll.

Kinder, Kinder – diese Kinder

„Doch, es geht anders", sage ich und greife in meine Geldbörse. Ich gebe der Frau an der Kasse ein Eurostück.
„Da hast du aber Glück gehabt." Sie lächelt ihn an und gibt ihm die Tulpen. „Danke." Der Junge schaut nicht hoch, mit gesenktem Kopf geht er langsam hinaus.

„Netter kleiner Kerl", erklärt mir die Frau. „Er ist manchmal mit seiner Mutter hier, aber alleine war er noch nie da." Sie sagt noch etwas, doch ich höre nicht mehr zu. Ich bezahle und gehe.
Draußen steht der Junge, er hat auf mich gewartet. „Danke, aber ich hatte wirklich drei Euro! Der eine ist mir bestimmt aus der Hand gefallen!" „Ist schon gut. Deine Mama wird sich über den schönen Strauß freuen." Ich streichle ihm über die Wange und er lacht mich an. „Für meine Mama habe ich was gebastelt. Der ist für meine Lehrerin, die hilft mir immer. Ich bin nicht so gut im Rechnen. Aber den einen Euro habe ich wirklich verloren!"

Jetzt muss ich lachen. „Glaub ich dir doch. Na, dann grüß mal deine nette Lehrerin von mir. Den Euro schenke ich dir. Und geh langsam nach Hause, damit du die Tulpen nicht auch noch verlierst!"
Er strahlt mich an und geht. Nach ein paar Schritten dreht er sich um und winkt mir noch einmal zu. Dann rennt er davon.

Ursula Safar

Das Kind und die Blumen

Es wollt' im Wald sich Beeren suchen,
zwischen Tannen, unter Buchen,
fand einsam eine Blume stehn –
leuchtend rot und strahlend schön.

„Ach, liebes Kind, pflück mich nicht ab,
es wäre sonst mein frühes Grab!
Lass mich allein am Weg hier stehn,
dass mich auch andre Kinder sehn!"

Bald stand das Kind am Gartenzaun,
die vielen Blumen anzuschaun.
„Komm, pflück dir einen bunten Strauß,
den trage fröhlich dann nach Haus."

Brigitte Riedl

Geschichten, die das Leben schreibt

Ich sitze auf der Veranda meiner Tochter, schaue in das Grün des Gartens und höre den Vögeln zu. Eine Sommeridylle.
Bis eben hatte ich mit meinen Enkeln Karten gespielt und war froh, dass sie keine Lust mehr hatten: Einer musste dringend noch Hausaufgaben machen, der andere hatte etwas bei seinem Kumpel vergessen.
Ich wusste, dass es nicht stimmte und beiden war klar, dass ich das wusste. Aber sie sind 13 Jahre alt und ich wollte nur in aller Ruhe in der Sonne sitzen.

„Oma!", ruft eine Stimme aus der Garage. Ich rühre mich nicht.
„Oma, kannst du mir mal helfen? Mein Fahrrad hat 'nen Platten und ich finde die Pumpe nicht!" In der Garage poltert und flucht es. „Oma!!!", brüllt Jonas.
Ich blinzle in die Sonne.
Sein Zwillingsbruder tritt aus der Verandatür, guckt mich an, grinst und ruft dann: „Oma ist nicht da, Jonas!" Er winkt mir kurz zu und geht wieder hinein. In der Hand hält er sein Handy.

„Andreas, kannst du mir mal helfen?" Es klingt schon sehr genervt und es poltert wieder.
„Andreas ist nicht da!", rufe ich. – Oh ...!
Stille, Schritte, dann steht Jonas vor mir. Verschwitzt und wütend. Er setzt sich auf einen Stuhl mir gegenüber.

Kinder, Kinder – diese Kinder

Andreas tritt wieder aus der Tür: „Ach, Oma, du bist ja doch da?" Er hat ein spitzbübisches Grinsen im Gesicht. So ist er.

„Das ist gemein von euch! So was von gemein! Und du machst auch noch mit, Oma!" Jonas ist echt sauer.
Jetzt bin ich dran. „Ja, das war nicht fair. Aber weißt du: Das Wort 'Bitte' kann man auch sagen, wenn man schon fast erwachsen ist. Da brichst du dir keinen Zacken aus der Krone." Abdreas nickt: „Ja, ja, das ist so." – 'Klugscheißer' denke ich.

Zu meiner Verwunderung lächelt Jonas nur: „Ihr habt euch beide um eine Überraschung gebracht. Mama hat mir Geld dagelassen und ich wollte mit dem Fahrrad zur Eisdiele, Tiefkühleisbecher holen."
Andreas sieht mich an: „So ein Mist! Oma, das ist deine Schuld, das kostet zwei große Eisbecher! Komm, steh auf, wir gehen gleich." Typisch Andreas, er hat sofort seinen Vorteil erkannt. Wer will schon Tiefkühleisbecher, wenn es auch anders geht.

So endet mein geplanter sonniger, ruhiger Nachmittag in einem zehnminütigen Fußmarsch durch Dölau zur Eisdiele.
„Rennt doch nicht so!" Die beiden legen ein gefühltes ungesundes Tempo vor.
„Komm schon, Ömchen!" sagt der eine.
„Nenn mich nicht immer 'Ömchen'." Ich bin genervt.
„'tschuldigung, Großmutter", sagt der andere.
Meine gute Laune ist endgültig dahin.

Kinder, Kinder – diese Kinder

Brigitte Riedl

Im Morgenlicht eines Sommertages

Am Wegrand steht wie einsam und verlassen
ein kleines Mädchen, staunend hebt es seinen Blick,
als wollt' es schauen und kann's doch nicht fassen:
der Tag beginnt, die Sonne kommt zurück.

Stolz zieht der Falke seine weiten Kreise
hoch oben dort am blauen Firmament.
Und die Natur singt lieblich ihre Weise,
das Lied der Vögel, wie es jeder kennt.

Das Mädchen steht und lauscht den fernen Klängen.
Es klingt ihm wunderlich und doch so schön.
Es hört sich an wie tausend Engelsstimmen,
die aus der Ferne zu ihm rüber weh'n.

Auf einmal ist die Melodie verklungen –
ein Traktor fährt den Wiesenweg entlang.
Fort sind die Stimmen, die das Lied gesungen.
Das Mädchen schaut den Störer traurig an.

„Wie konntest du das schöne Lied zerstören,
wie konntest du so herzlos denn nur sein?
Nun werde ich die Engel nicht mehr hören! –
Du musst zur Arbeit? – Gut, das seh' ich ein."

Brigitte Riedl

Ende der Kindheit

Lass es geschehen, besinne dich,
umarm die Welt und frage nicht,
was andere tun und denken,
du mußt dein Schicksal lenken.

Du allein hast zu entscheiden,
wem traue ich, wen soll ich meiden,
wo liegt mein Ziel, wo liegt der Sinn,
wo ist der Weg, wo führt er hin.

Willst du ihn so gehen,
dann lass es so geschehen.

Interessanter Alltag

Ursula Safar

Ein perfekter Tag

Zur abendlichen Fernsehzeit schaue ich wie sonst ins Programmheft, finde aber heute nichts, was mich wirklich interessiert. Also greife ich wieder einmal in das Regal mit den DVD und habe auf Anhieb eine von Roger Whittaker in der Hand. Ich mag seine tiefe, gefühlvolle Stimme sehr.

Während ich mich mit einer Stickerei beschäftige, lausche ich seinen Balladen, summe sie mit. „Albany" und „Fernweh" gehören zu meinen Favoriten. Das nächste Lied heißt „A perfect day" und ich frage mich, was wohl zu einem „perfekten Tag" gehören müsste. Ein Lottogewinn oder ein Geschenk? Urlaub am Meeresstrand in der heißen Sonne? Muss an einem perfekten Tag alles auch perfekt gelingen, darf kein Missgeschick oder Ärger diesen Tag trüben?

Wie war das heute? Das Klingeln des Telefons riss mich morgens aus dem besten Schlaf! Und dabei bin ich doch ein ausgesprochener Morgenmuffel! Aber die Stimme gehörte zu einem Menschen, den ich sehr mag – und schon verflog der Ärger.
Nach dem Frühstück wollte ich ein dringendes Päckchen zur Post bringen und sah deshalb genauer nach dem Wetter: Graue, Regen verheißende Wolken jagten über den Himmel. Also gut, dann nehme ich eben einen Schirm mit und ein bisschen vom Wind durchgepustet werden, empfinde ich sowieso als erfrischend.

Interessanter Alltag

Auf der Bank an der Haltestelle erwischte ich noch einen freien Platz neben zwei älteren Damen. Aus ihrem empörten Geschimpfe entnahm ich, dass die Straßenbahn längst überfällig war. Etwas entfernt vertrieben sich ein paar Schulkinder ziemlich laut die Wartezeit mit Fangen spielen.
Das war ein Anlass für die Frauen, das Thema zu wechseln und sich über die 'unerzogene Jugend von heute' zu beschweren. Ebenfalls laut. Eine dritte ältere Frau mischte sich ein: „Ach, und Sie waren als Kinder wohl immer nur brav und leise?"

Ich musste unwillkürlich lächeln und stellte mir einen Moment lang vor, dass neben mir zwei Kinder säßen, die sich im gleichen Tonfall über 'die Alten von heute' mokierten. Ich drehte mein Gesicht weg, damit niemand mein fröhliches Grinsen sah!

Nach dem Gang zur Post nutzte ich die Zeit zum ausgiebigen Bummel durch ein Einkaufszentrum. Eigentlich brauchte ich gerade nichts Besonderes, gab schließlich aber doch mehr Geld aus, als ich für jeweils einen Tag geplant hatte.
Im Hinterkopf hatte ich wohl die Stimme meiner Schwester, die mir am Telefon geraten hatte: „Sei nicht geizig zu dir selbst, gönne dir mal etwas Schönes!" Bin deinem Rat gefolgt, Schwesterchen, und habe mir unter anderem sogar ein Buch geleistet, das mir auf Anhieb gefiel.

Erst zu Hause merkte ich, dass ich meinem Knöchel, den ich mir kürzlich verstaucht hatte, wohl doch schon etwas zu viel zugemutet hatte.

Interessanter Alltag

Oh, wie gut tat jetzt das Fußbad! Danach ruhte ich mich auf der Couch aus und begann schon mal, in meinem neuen Buch zu lesen. Dass mir kurz darauf die Augen zufielen, war nicht beabsichtigt gewesen!

Am Abend fand ich auf meinem Laptop zwei nette und fröhliche E-Mail, die mir Freunde geschickt hatten und die ich auch gleich ausführlich beantwortete. Dann wärmte ich mir die Erbsensuppe auf, die mir diesmal besonders gelungen war, und schleckerte als Nachtisch ein Eis.

Nun sitze ich also zufrieden und erholt im Sessel, erfreue mich an meiner fast fertigen Stickarbeit und höre Musik. Ja, es war ein perfekter Tag! Ich habe viel gesehen und erlebt, habe mich über vieles gefreut und nur über weniges geärgert.

Oh, die DVD ist zu Ende! Macht nichts, ich lasse sie noch einmal spielen.
Wo war ich mit meinen Gedanken stehen geblieben? – Ach ja: Was will ich also mehr? Ich bin satt, habe es warm und gemütlich in meiner schönen Wohnung! Ich habe Freunde – und plötzlich wieder eine Idee für eine neue Geschichte, die ich schreiben werde. Ein wirklich perfekter Tag!

Brigitte Riedl

Was sind zwei Kilo?

Endlich hatte ich zwei Kilo abgenommen. Es war das Ergebnis von zwei Wochen Hungern und ich war stolz auf mich.
Am selben Tag kaufte ich mir eine hübsche Sommerhose und einen weißen Pullover – natürlich beides eine Größe kleiner. Voller Stolz führte ich die Sachen meinem Mann vor. „Hmm, ganz schick", lautete sein Kommentar, dann las er weiter in der Zeitung.

Unsere Zwillingsenkel waren inzwischen von meiner Tochter gebracht worden. Sie wollten die Nacht bei uns verbringen und waren in ihrem Zimmer am Computer beschäftigt.

Sie kamen heraus, begrüßten mich und schlichen mit kritischen Blicken um mich herum. „Und?", fragte ich sie und zeigte dabei auf meine Hose und den Pullover. „Omaaaa, die Hose ist aber eng!", war die erste Reaktion. „Ja", bestätigte sein Bruder. „Der Pullover auch – und dann noch weiß!" Er rümpfte die Nase..

Beide Jungen waren selten einer Meinung. Heute waren sie es. „Oma, hast du schon immer so einen dicken ..." Er suchte nach dem Wort. „Hintern", ergänzte sein Bruder.
Sie standen vor mir und sahen mich ernst an. „Musste umtauschen." Damit war das Thema für sie erledigt und sie gingen wieder in ihr Zimmer. Mein Mann grinste: „Haste gehört?"

Interessanter Alltag

Ich stand da und war sprachlos. Keiner sagte etwas davon, dass ich abgenommen hatte – sah man das etwa nicht? War die Hose wirklich zu eng? Und der Pullover? 'Morgen tausche ich beides um', dachte ich wütend.
Also raus aus den Sachen, sie waren wirklich eng. Mein Mann versteckte sich wieder grinsend hinter seiner Zeitung.

Die Jungs kamen zu uns. „Oma, wir haben Hunger." „Spiegeleier, Oma, bitte bitte, ja?" „Mit ganz viel Speck und Zwiebeln", meldete sich mein Mann zu Wort und legte endlich die Zeitung weg.
„Oh ja, Oma, bitte!" – „Klar, warum auch nicht?", sagte ich und sah in strahlende Kinderaugen. Was sind schon zwei Kilo!
Die Hose habe ich umgetauscht, den weißen Pullover nicht.

Interessanter Alltag

Brigitte Riedl

Der weiße Pullover

Ich stehe schon viel zu lange vor dem geöffneten Kleiderschrank und starre auf meine Pullover. Ordentlich liegen sie da: Einer über dem anderen, der weiße mitten drin.
„Was machst du da? Haste mal wieder nichts zum Anziehen?" Die Stimme meines Mannes klingt belustigt. Ich reagiere nicht, blicke nur weiter auf den Stapel. Eigentlich nur auf den weißen Pullover. Ich fixiere ihn regelrecht. Als ich ihn kaufte, hat er gerade so gepasst. Ein bisschen eng, aber ich wollte ja sowieso abnehmen. Ist doch ganz einfach: Weniger essen, mehr Sport und Bewegung! – Aber so einfach war es gar nicht.

Heute morgen habe ich auf der Waage gestanden: Wieder nichts abgenommen ... Schlechte Laune macht sich in mir breit. Vorsichtig ziehe ich den weißen Pullover unter den anderen hervor und lege ihn auf mein Bett. Dann ziehe ich mein Shirt aus und streife ihn über. Bauch einziehen, gerade stehen, ein bisschen strecken.
Ich drehe mich vor dem Spiegel und erschrecke: Da ist nichts, was man schönreden könnte. Der Pullover ist zu eng oder ich bin zu dick oder beides. Wahrscheinlich war er schon zu eng, als ich ihn gekauft habe. Das war vor zwei Jahren und ich hatte ihn seitdem nur einmal an.

„Warum habe ich mir auch einen weißen Pullover gekauft? Warum nicht einen schwarzen? Schwarz streckt und weiß trägt auf! Das ist nun mal so, weiß doch jeder!", schimpfe ich vor mich hin.

Ursula Safar

Zwei seltene Exemplare

Ist es Unvermögen oder Faulheit? Ich kann es nicht mit Bestimmtheit sagen – jedenfalls habe ich noch nie in meinem Leben ein eigenes Auto besessen oder gefahren. Dagegen habe ich mich schon immer gerne fahren lassen und zwar mit Bus, Straßenbahn oder Zug. Das hatte vor allem den Vorteil, dass ich dabei lesen konnte.

Bevor Handy-Sucht und Smartphonemanie in den öffentlichen Verkehrsmitteln um sich griffen, kam es noch häufig vor, dass sich Fahrgäste bedrucktes Papier vor die Augen hielten – und wenn es auch nur eine Zeitung war.

Vor etlichen Jahren lebte ich in Berlin und ich kann mich noch erinnern, dass in den vollen U-, S- und Straßenbahnen die Mitreisenden ängstlich bemüht waren, einen Sitzplatz zu ergattern. Doch das meist nicht etwa, weil ihnen die Füße oder etwas anderes weh taten. Nein – es war nur sehr schwierig, sich während der Fahrt an einer Haltestange festzuhalten und außerdem die Seiten eines Buches umzublättern!
Diese Sorgen kennt man heute nicht mehr.

Die Lesewut begleitet mich schon seit der Zeit, als ich begriffen hatte, wie Buchstaben zu Wörtern und Wörter zu Texten zusammengefügt werden. Und ich frage mich, wozu ich das gelernt habe, wenn nicht zum Lesen?! – Ja gut, zum Schreiben natürlich ebenso. Und das übe ich ja auch fleißig, wie man sehen kann.

Interessanter Alltag

Als Kind las ich alles, was ich an Büchern erreichen konnte. Zum Kaufen fehlte das Geld, also waren es vor allem entliehene, irgendwo gefundene oder selten auch einmal geschenkte Exemplare. In ihrer Auswahl konnte ich deshalb nicht wählerisch sein und so wechselte sich Karl May mit den Brüdern Grimm, Marlitt und vielen anderen ab. Mit elf Jahren las ich zum ersten Mal Goethes Faust, begriffen habe ich ihn erst viel später.

Bald darauf hörte ich in der Schule den Begriff „Weltliteratur" und war nun bestrebt, so viel wie möglich davon kennen zu lernen. Also hießen die Titel nun „Effi Briest", „Wie der Stahl gehärtet wurde", „Oliver Twist", „Das Tagebuch der Anne Frank" und so weiter, immer noch durcheinander in bunter Reihenfolge. Dabei entstanden nicht selten Vorbilder, denen ich nachzueifern versuchte.

Heute bin ich in der Lage, meine Lektüre nach anderen Kriterien auszuwählen. Und ich gestehe, dass ich süchtig bin. Lese-süchtig. Es vergeht kein Tag, an dem ich nicht wenigstens einige Seiten umgeblättert habe, und wenn es noch nachts im Bett war.

Gestern kam ich wieder einmal aus meiner Bibliothek. In der Straßenbahn ließ ich mich auf den nächsten freien Platz fallen und kramte sofort eines der ausgeliehenen Bücher aus meiner Tasche. Bevor ich es jedoch aufschlagen konnte, hörte ich mir gegenüber ein verhaltenes Lachen. Da saß doch tatsächlich eine jüngere Frau, die von ihrem Buch aufblickte und mich lächelnd ansah. Ich hätte schwören können, dass wir in dem Moment ähnliches dachten: Was denn, noch so ein seltenes Exemplar?

Interessanter Alltag

Brigitte Riedl

Mitten in der Nacht

Regen klopfte an die Scheiben,
wollte meinen Traum vertreiben.
Hat es schließlich auch geschafft,
denn ich bin ja aufgewacht.
                Und was jetzt? Was soll ich tun?
                Liegen bleiben, weiter ruh'n?
                Zähl ich Schafe, Hühner Pferde,
                bis ich wieder müde werde?
Stehe aus dem Bett ich auf,
laufe durch das ganze Haus?
Bleibe dann am Kühlschrank stehn,
zwinge mich, weiter zu gehen?
                Lass ich mich im Sessel nieder,
                stehe auf und gehe wieder
                hin und her und her und hin,
                bis ich endlich müde bin?
Ist kein Wunder, denk ich dann,
dass ich nicht mehr schlafen kann:
Sollt' mich brav ins Bette legen,
statt mich sinnlos aufzuregen.
                Ach, ich leg mich einfach hin,
                auch wenn ich nicht müde bin.
                Höre wie die Regentropfen
                leise an das Fenster klopfen.
                'Es regnet ja zum Glück nicht rein',
                denk ich noch – und schlafe ein.

Ursula Safar

Doppelter Irrtum

Briefe, die ich an liebe Freunde verschicke, schmücke ich gerne mit Bildern oder Verzierungen, um den Empfängern dadurch meine ehrlich gemeinte Zuneigung zu verdeutlichen.

Es war einer der ersten warmen Sonnentage im Frühling, als ich wieder einmal für eine Freundin solch eine Nachricht mit besonderer Sorgfalt verfertigt hatte.
Zufrieden und in der Gewissheit, dass sich die Empfängerin freuen würde, schloss ich an den Weg zum Briefkasten noch einen ausgiebigen Spaziergang an.

In der Grünanlage lockte eine Bank zum Ausruhen, der dahinter stehende Baum trug die ersten zarten Blätter, durch die wärmende Strahlen der Mittagssonne fast ungehindert durchschienen.
Ich wendete ihr mein Gesicht zu und schloss die Augen. Meine Freundin hatte diesen Vorgang einmal scherzhaft „Pigmente haschen" genannt. In Erinnerung daran musste ich lächeln.

Dann glaubte ich Schritte zu hören. Eine junge Frau schob ihren Kinderwagen an meiner Bank vorbei. Sie wurde von einem jungen Mann überholt, der sich sehr schnell näherte, im Vorbeigehen nach meiner Handtasche neben mir griff und damit flüchtete.

Interessanter Alltag

Entsetzt riss ich die Augen auf – doch da war kein junger Mann und auch von einer Frau mit Kinderwagen war weit und breit nichts zu sehen. Ich musste wohl eingenickt gewesen sein und hatte geträumt.

Allmählich ließ mein Herzklopfen nach, ich atmete tief durch und tastete auf den Platz neben mir. Aber ich griff ins Leere! Da war nichts! Keine Tasche!

Die Panik kehrte zurück. Mit einem Aufschrei fuhr ich hoch und griff mir mit beiden Händen an den Kopf – wo, zum Teufel, war meine Handtasche?! –
Zu Hause. Ich hatte sie gar nicht mitgenommen.

Interessanter Alltag

Brigitte Riedl

Im Supermarkt

Wieder einmal eine lange Warteschlange an der Kasse. Ich beobachte die anderen Leute: Eltern mit quengelnden Kindern, ältere Ehepaare, die sich leise streiten oder stumm vor sich hinsehen, aber auch Frauen und Männer, die wie ich die Menschen um sich herum mustern und ab und zu mal ein Lächeln in die Runde schicken.

Vor mir steht ein etwas ungepflegter Mann. Er hat keinen Korb, nur ein paar Tütensuppen in den Händen, und streitet sich mit der Frau, die vor ihm steht. Die legt gerade ihre Ware auf das Band, zwischen ihr und dem Mann steht ihr Einkaufswagen.

Der Mann schimpft vor sich hin: „Kann denn die Zicke nicht ein bisschen schneller machen?" Als Antwort auf seine Pöbelei schiebt die Frau ihren Wagen ein Stück auf den Mann zu, der weicht aus und schiebt dabei meinen Wagen nach hinten, ich den Wagen hinter mir. Eine Kettenreaktion.

Dabei fallen dem Mann vor mir die Tüten aus den Händen. Die Frau grinst und der Mann bückt sich umständlich. Mir tut er fast schon ein bisschen leid, aber als er sich wieder aufrichtet, sehe ich die Flasche aus seiner inneren Jackentasche gucken.
Die Frau sieht es auch und von ihr weiß es sofort der Kassierer.

Interessanter Alltag

Alarm! Zwei Mitarbeiter des Supermarkts nehmen den Mann in ihre Mitte. Ich bezahle dann meinen Einkauf und verlasse nach der sich immer wieder umdrehenden und hämisch grinsenden Frau das Geschäft. Neben der Abstellfläche für die Körbe befinden sich die Fahrradständer.

Dort sehe ich die Frau wieder, die ihren Einkauf in einer Gepäcktasche verstaut. Als ich mit meinem Wagen an ihr vorbei gehe, sehe ich, dass sie aus ihren beiden Jackentaschen jeweils zwei Tafeln Schokolade holt. Ich bleibe wie erstarrt stehen und gucke sie an. Ich kann nicht glauben, was ich sehe.

Sie erschrickt zuerst, dann grinst sie schon wieder. „Sollten Sie auch mal probieren, geht ganz leicht und spart viel Geld!" Damit steigt sie auf ihr Rad und fährt los. Als ich meinen Wagen abstelle, fährt ein Streifenwagen der Polizei auf den Parkplatz.
Dieser Vorfall geht mir bis heute nicht aus dem Kopf.

Brigitte Riedl

Traum und Wirklichkeit

Sternenstaub fällt leis hernieder,
legt sich sanft auf meine Lider,
entführt mich still durch Zeit und Raum
in einen wunderschönen Traum.

Keine Ängste, keine Sorgen,
nur ein schöner, heller Morgen.
Blumenduft und Sonnenschein.
Ach, könnte es doch immer sein!

Als ich wieder aufgewacht,
hab ich drüber nachgedacht:
Ist es das, was glücklich macht,
was man träumt in einer Nacht.

Im Traum, da gibt es nur ein Nehmen.
Soll man im Leben nicht auch geben?
Sollte man nicht mit andren reden?
Kein Mensch kann nur alleine sein,
wie eine Blume geht er ein,
der Wasser fehlt und Sonnenschein!

Doch was geschieht, wenn in der Nacht
der Traum nicht wirklich glücklich macht?
Und wenn dann am nächsten Morgen
nicht kleiner werden deine Sorgen?
Wenn Ängste nicht verflogen sind
mit dem frischen Morgenwind?

Mit Worten ist es schwer zu sagen.
Wer weiß Antwort auf die Fragen?

Interessanter Alltag

Grażyna Werner

Das unsichtbare Tor

Seit fast dreißig Jahren wohne ich schon hier und doch entdecke ich manchmal etwas Neues.
Ich nutze den heiteren Vormittag, um spazieren zu gehen.
Dort, wo einst eine Garnison der Sowjetarmee war, erstrecken sich jetzt Wiesen mit Spazierwegen, ein wenig entfernter liegt ein Wohngebiet mit Ein- und Mehrfamilienhäusern. Ich folge dem Weg zum Wald, links davon verdecken Bäume und Gebüsch die Straße.
Ich nähere mich einem chemaligen Seitentor, das nur noch aus zwei gemauerten Pfosten und rostigen Scharnieren besteht.
Noch einige Schritte, dann bin ich jenseits des unsichtbaren Tores. Ich genieße die Düfte des herbstlichen Waldes. Ich horche, wie ein Specht an einem Baumstamm hämmert, wie Blätter rauschen, wenn der leichte Wind sie streift. Ich bewundere die prallen Hagebutten und den wilden Wein, der in seinem saftigen Rot von den grünen Zweigen einer Kiefer herabhängt. Ich spüre den Rhythmus des Lebens.

Noch ein paar Schritte -
hinter dem Unsichtbaren
die Heide

Ursula Safar

Eine wundersame Begegnung

Die junge Frau, die auf dem schmalen Fußweg neben der Landstraße lief, schien keinen Blick für ihre Umgebung zu haben. Die Augen auf den Boden zu ihren Füßen gerichtet, achtete sie weder auf die schattenspendenden Linden entlang der Straße noch auf die sonnengelben Flächen voller Raps, die sich mit halbhohen Kornfeldern abwechselten.
Trotz der warmen Mittagssonne trug sie eine dicke Jacke, lange Hosen und derbe Schuhe, aber keine Kopfbedeckung auf dem langen blonden, zu einem seitlichen Zopf geflochtenen Haar.

Sie schien es nicht eilig zu haben. Oder hinderten sie der prall gefüllte Rucksack und der Koffer mit Rädern, den sie hinter sich herzog, am schnelleren Ausschreiten? Hin und wieder blieb sie für einen Moment stehen, hob aber auch dann nicht den Kopf, so als müsste sie verschnaufen oder über etwas nachdenken. Dann tat sie jedes mal einen tiefen Seufzer und setzte ihren Weg langsam fort.

Weit hinter der Wanderin waren der Kirchturm und ein paar Dächer eines Dorfes zu erkennen. Voraus führte der Weg auf die Kuppe eines Hügels, von der aus sicher die weitere Strecke erkennbar sein würde.
Nur wenige Autos in beiden Richtungen beggneten ihr. Deren Insassen bemerkten wohl die einsame Fußgängerin, doch niemand hielt an, um sich nach ihrem Wohin zu erkundigen oder gar eine Mitfahrt anzubieten.

Interessanter Alltag

Sie unternahm dafür aber auch selbst keinen Versuch. Ihr Gang, ihre Miene, alles an ihr drückte eine tiefe Resignation aus. Plötzlich erschien eine kurze Strecke vor ihr wie aus dem Nichts ein blauer Wagen, der ihr langsam entgegen fuhr. Doch als dessen Hupsignal neben ihr ertönte, reagierte sie nicht.

Einige Meter hinter der Frau kam das Auto zum Stehen und eine weibliche Stimme rief halblaut und zögernd wie eine Frage: „Kina?" Die Frau hielt für einen Augenblick inne, doch dann schüttelte sie kaum merklich den Kopf und wollte weitergehen, „Katharina!", tönte die gleiche Stimme etwas lauter und nun, bei ihrem vollen Namen gerufen, blieb die Frau endgültig stehen und wandte sich zögernd um.

Sie kannte diese Stimme, die ihrer einstmals besten Freundin gehörte, doch galt diese seit etlichen Jahren als verschollen, sogar als verstorben. Es musste wohl eine Vision sein, die ihr gerade jetzt in einem Augenblick des tiefsten Kummers und der Verzweiflung erschien.

Eilig stieg eine Frau etwa gleichen Alters aus dem Auto und lief der anderen entgegen. „Was tust du hier und wo willst du hin? Bist du etwa zu Fuß? Wie siehst du denn überhaupt aus? Ist etwas passiert?"
Zu viele Fragen auf einmal, um darauf antworten zu können. Statt dessen klang vom Auto her eine angenehme männliche Stimme, die mahnte: „Ich darf hier nicht stehenbleiben, Barbara. Steigt besser ein, ich fahre euch ein Stück!" „Gute Idee – komm mit!", antwortete die so Angesprochene und zog die widerstrebende Katharina mit sich.

Interessanter Alltag

Ein Mann mittleren Alters war inzwischen aus dem Auto gestiegen. Er verstaute das Gepäck im Kofferraum, dann hielt er den beiden Frauen die hinteren Türen zum Einsteigen auf und setzte sich wieder hinter das Lenkrad. „Ich biege erst einmal auf dem nächsten Feldweg ein, dann sehen wir weiter", verkündete er dabei.
„Das ist Christoph", stellte Barbara ihren Begleiter vor und setzte nach kurzem Zögern hinzu: „Ein guter Freund."
„Doch hoffentlich sogar der beste!", ergänzte lachend der Mann.

„Wir haben uns seit Jahren nicht mehr gesehen!" stellte Barbara an die Freundin gewandt fest und überlegte: „Es ist bestimmt acht oder neun Jahre her, dass ich aus der Vorstadt weggezogen bin. – Aber nun zieh erst mal den Anorak aus, du musst doch bei der Hitze bald gekocht sein!" Und dabei half sie der Freundin aus der Jacke.

Christoph hatte den Wagen auf einem schmalen Seitenweg, der für Fuhrwerke bestimmt schien, zum Halten gebracht. Hier wiederholte Barbara ihre Frage von vorhin: „Wo willst du eigentlich hin, Kina?" „Ach, einfach immer geradeaus", kam die leise Antwort. Katharina tat einen tiefen Seufzer und dann rollten ihre Tränen wie von selbst.

Christoph verließ diskret das Auto und setzte sich ein Stück entfernt auf einen Findling am Feldrand. Nur bei gelegentlichen raschen Seitenblicken konnte er erkennen, dass nun auch sein neuer Fahrgast eifrig sprach, dabei aber fast unaufhörlich weinte und von Barbara getröstet wurde, was der Fremden sichtlich wohl tat. Geduldig wartete er, bis er endlich wieder gerufen wurde.

Interessanter Alltag

„Chris", wurde er von Barbara empfangen, „Kina hat mir erlaubt, dir alles zu erzählen. Aber das werde ich erst in der nächsten Ortschaft bei einer Tasse Kaffee tun. Vielleicht kannst du als Anwalt sogar helfen."
Als die drei endlich eine geeignete Lokalität gefunden hatten und sich bei Sprudelwasser und Kaffee erfrischten, begann Barbara ihren Bericht, soweit es für den Juristen von Interesse sein konnte:

„Kina ist schon als Kind Waise geworden und lebte bei ihrer Tante in der kleinen Vorstadt, in der auch ich aufgewachsen bin. Nach der Schule durfte sie auf Anweisung der Tante kcinen Beruf erlernen, weil sie Geld für ihren eigenen Unterhalt verdienen sollte." Mit grimmigem Unterton fügte sie hinzu: „Ich glaube aber eher, dass sie Geld für die geizige Tante ran schaffen musste, Kina hat nämlich nur ein kleines Taschengeld davon bekommen!" Katharina senkte den Blick und nickte bestätigend.

Barbara fuhr fort: „Jedenfalls musste Kina in einer Kneipe als Kellnerin arbeiten und war daneben auch die Putzfrau. In dieser Gaststätte gab es noch einen zweiten Angestellten: ein junger Mann, der ebenfalls die Gäste bediente und nebenher – wie Kina unbezahlt natürlich – alle körperlich schweren Arbeiten verrichtete. Vor ein paar Tagen hatte der Wirt seinen beiden Mitarbeitern eröffnet, dass er künftig nur noch einen von ihnen würde bezahlen können. Das hieße für den anderen die Kündigung und Arbeitslosigkeit. Dann nahm er Kina heimlich beiseite und bot ihr an, dass er sie behalten würde, wenn sie mit ihm öfter mal … na ja, du weißt schon."

Interessanter Alltag

Jetzt konnte Barbara kaum noch an sich halten und empörte sich lautstark: „Und das, obwohl der Kerl verheiratet ist – seine Frau muss unbezahlt in der Küche arbeiten!" „Pst, sei doch leiser!", bat Katharina, „die Leute gucken schon." „Entschuldigung", sagte Barbara, musste aber noch leise murmelnd ergänzen: „So ein Dreckskerl!"

„Soll ich mir diesen Herrn mal zur Brust nehmen und soll er Sie wieder einstellen?", richtete Christoph nun die Frage an Katharina. „Um Himmels willen – nein!", rief diese erschrocken aus und Barbara meinte: „Das dicke Ende kommt ja noch!" Und dann erzählte sie weiter:

„Mindestens genau so gemein ist ja die Tante – sie hat Kina rausgeschmissen, weil sie kein Geld mehr für Unterhalt und Miete verdiente. Kina weiß nicht mehr, wo sie bleiben soll, und deshalb ist sie einfach auf der Landstraße ziellos geradeaus gegangen.

Dabei ist das Häuschen, in dem die beiden wohnen, ein Erbe von Kinas Großeltern. Zunächst hatten die Tante und Kinas Mutter als Schwestern das Haus zu gleichen Teilen geerbt. Doch geht nicht das Erbteil nach dem Tod der Mutter auf die Tochter über?" Die letzte Frage war ganz offensichtlich an den Anwalt Christoph gerichtet.
Der lächelte aufmunternd und versicherte: „Sie haben ein Recht auf das Erbe, ich werde mich für Sie einsetzen."

„Nun ist es aber genug mit dem 'Sie'! – Wir sind doch jetzt Verschworene!" rief Barbara fröhlich und auch Katharina lächelte zum ersten Mal zaghaft. Sie und Christopher gaben sich die Hand.

Interessanter Alltag

Und bei dieser Berührung überkam sie plötzlich eine warme Zuversicht. Das gleiche Gefühl hatte sie gespürt, als Barbara sie im Auto umarmt hatte. Alle Ängste waren nun ausgelöscht und hatten einem großen Vertrauen Platz gemacht.

Dankbar flüsterte sie: „Ich glaube fast, ich bin heute zwei wahren Engeln begegnet," „Engeln wohl eher nicht," meinte Christopher schmunzelnd, „vielmehr Helfern in der Not." Barbara nickte dazu mit einem wissenden Lächeln – und Katharina verstand.

Erinnerungen und Erfahrungen

Brigitte Riedl

Es begann mit einem halben Liter Milch ...

Schon als Vorschulkind bin ich an jedem Sonnabend einkaufen gegangen. Ich hab es gerne gemacht, hab mich in die lange Reihe vor dem Bäckerladen angestellt und still gewartet, bis ich an der Reihe war. Die Frauen, die dort ebenfalls warteten, kannten mich alle und ich freute mich immer, wenn sie mit mir sprachen.

Ich war ein wildes Kind, das niemand so richtig mochte, aber in der Schlange vor dem Bäcker waren alle gleich. Ich war dort sonnabends das einzige Kind. „Ein Brot, dreißig Knüppel", dann ein artiges „Auf Wiedersehen." Die Frauen lächelten mir zu.

Ich brachte die Sachen nach Hause und ging Milch holen. Das gefiel mir weniger, denn ich trinke keine Milch und den Geruch in dem kleinen Laden mochte ich gar nicht. „Einen halben Liter, bitte." Die Verkäuferin lächelte mich auch an: „Geh aber langsam."

Wir wohnten nur schräg gegenüber, aber der kurze Weg reichte mir oft, um die Milch zu verschütten. Jedes mal, wenn ich ohne Milch nach Hause kam und irgendeine Ausrede dafür hatte, setzte es eine Ohrfeige und meine ältere Schwester wurde losgeschickt. Die hatte dazu natürlich keine Lust und kniff mich schmerzhaft in den Arm. Daraufhin zog ich mich in mein Versteck im Garten zurück und heulte trotzig.

Erinnerungen und Erfahrungen

Auch auf die Rufe meiner Mutter reagierte ich nicht, was zur Folge hatte, dass ich wieder einmal ohne Mittagessen blieb. – Oder?

Ich schlich mich dann regelmäßig zu meiner Oma. Sie wohnte bei uns im ersten Stockwerk und mochte mich so, wie ich war. Dort bekam ich dann das wundervollste Mittagessen der Welt, auch wenn es nur Quark und Pellkartoffeln waren. Ich liebte meine Oma sehr.

Sie war es aber auch, die mir ins Gewissen redete, den Unsinn, den ich trieb, zu unterlassen. Leider ohne Erfolg. Ich sprang weiter von Mauern, egal wie hoch sie waren. Um festzustellen, wie lange ich bis zur Landung brauchte, zählte ich von eins bis … Entweder ich hatte danach einen verstauchten Knöchel oder aufgeschlagene Knie und Ellenbogen.
Ich versuchte auch, die Schwerkraft zu überlisten, indem ich die volle Milchkanne am ausgestreckten Arm so schnell wie möglich kreisen ließ. Manchmal ging es gut, doch manchmal eben nicht. Dann landete die Milch auf dem Gehweg.

Mein Vater kam einmal dazu und erklärte mir, dass man sich sehr schnell drehen müsse. Er machte es mir vor – die Milch blieb in der Kanne und er schien ziemlich erleichtert darüber zu sein.
Dann verbot er mir weitere Versuche und vertröstete mich auf die Schule. Da gäbe es ein Fach, in dem solche Dinge erklärt werden. „Das wird bestimmt dein Lieblingsfach," sagte er noch. Und das ist es auch geworden.

Erinnerungen und Erfahrungen

Brigitte Riedl

... und endete im wahren Leben

Physik wurde mein Lieblingsfach. Ich war eine Schülerin mit durchschnittlichen Leistungen, doch in Physik bekam ich in jedem Jahr eine Eins. Wenn andere Kinder sich mit magnetischen Feldern oder der Umwandlung von potentieller Energie (Lageenergie) in kinetische Energie (Bewegungsenergie) herumschlugen, las ich im Physikbuch. Ich hatte die Aufgaben längst gelöst. Mein Lehrer ließ mich gewähren, so war ich wenigstens ruhig und zappelte nicht herum.

Er war auch mein Sportlehrer und der Trainer unserer Schulmannschaft für Leichtathletik. Er bat mich einmal, zum Training zu kommen, da er mich testen wollte. Ich könnte, wenn es mir nicht gefällt, sofort wieder gehen.

Damit war mein Schicksal besiegelt. Es gefiel mir sehr, mich mit den anderen Kindern zu messen. Ich gewann alle Wettkämpfe, ob beim Laufen, Weit- oder Hochsprung. Das Training wurde zum Mittelpunkt meiner kleinen Welt. Ich lebte nur noch für den Sport, sogar mein Lieblingsfach vernachlässigte ich. In der achten Klasse wurde ich zur KJS nach Magdeburg delegiert.

Nun stand der Sport direkt im Mittelpunkt unseres Lebens, die Schule musst nebenbei erledigt werden. Doch die Trainer verlangten auch gute Noten in der Schule, da kannten sie keine Gnade.

Erinnerungen und Erfahrungen

Dreimal am Tag Training, dazu der Unterricht, Hausaufgaben, an den Wochenenden Wettkämpfe, kaum Heimfahrten ...
Die Lust am Sport verging mir dabei gründlich. In der zehnten Klasse habe ich dann mit meinem Trainer darüber gesprochen: Ich wollte aufhören. Er war nicht dagegen, sagte nur: „Es ist deine Entscheidung, hoffentlich bereust du sie nicht."

Ich habe nach den Abschlussprüfungen eine Facharbeiterausbildung begonnen, meinen Mann kennen gelernt, geheiratet und studiert, Kinder und Enkel bekommen.
Bereut habe ich nie etwas.

Erinnerungen und Erfahrungen

Ursula Safar

Berliner Gören

Es ist nun schon etliche Jahre her, dass ich den zwei Jungen auf der Spreebrücke begegnete. Man musste sie einfach bemerken: Einer, etwa sechs oder sieben Jahre alt, hockte vor dem Geländer, das er mit beiden Händen umklammerte. Er schaute ins Wasser und heulte unüberhörbar. Der andere, kaum älter, versuchte ihn zu trösten: „Iss eben passiert, kannste nischt machen! Nu heul ma nich so – tut mir ja ooch leid!"

Besorgt erkundigte ich mich nach der Ursache ihres Kummers. Der stehende Junge erklärte, indem er auf den Freund zeigte: "Der wollte mir'n Bons jeben und da iss ihm de Tüte aus de Hand jerutscht und int Wasser jefalln." Erleichtert, dass es sich nur um Bonbons handelte und kein größerer Schaden zu beklagen war, griff ich in meine Tasche und gab den beiden etwas Kleingeld: „Hier, kauft euch eine neue Tüte."

Ich hatte auch noch die Absicht, dem Kleineren aufzuhelfen und vielleicht sogar seine Tränen zu trocknen, als er mir sein strahlendes Gesicht zuwandte: „Danke, Tante!" Und damit liefen beide rasch weg.

Ein paar Tage später führte mich mein Weg zu etwa der gleichen Uhrzeit wieder über diese Brücke. Diesmal beugte ich mich zu dem verzweifelt weinenden Jungen herab und sagte leise: „Jungs, ihr müsst mal den Standort wechseln – hier ist kein Geschäft mehr zu machen."

Brigitte Riedl

Der Fluss

In meiner Kindheit spielte der Fluss eine große Rolle. Jedes Wochenende im Sommer fuhren meine Eltern mit uns Kindern in die Buhnen.
Die Elbe ist ein Fluss, der Buhnen mit gemauerten Buhnenköpfen hat, die in den Fluss zum Schutz der Ufer hineinragen. Dort breiteten wir unsere Decke im Schatten der Weiden aus und spielten im feinen, goldgelben Sand.
Wir suchten nach den Schalen der Wollhandkrabben, bauten Sandburgen und badeten.

Mein Vater steckte an der Buhne einen Bereich im seichten Wasser mit Schilfstengeln ab und wir Kinder badeten nur dort. Wir kannten die Gefahren des Flusses.

Es war voll an den Wochenenden und manchmal mussten wir lange nach einer freien Buhne suchen. Es galt der Kodex: Pro Familie eine Buhne! Daran hielten sich alle.

Ich hatte in der Elbe schwimmen gelernt. Mein Vater war Rettungsschwimmer und ein strenger Lehrer. Das war bei der Strömung auch wichtig. Ich mochte den Fluss, seine Stärke, seine Gefahren. Und ich hatte Respekt vor ihm.

Bis in meine Jugend hinein fuhr ich mit meinem Fahrrad über die Brücke und die Wiesen zum Fluss, setzte mich auf die Spitze eines Buhnenkopfes, schaute der Strömung zu und hing meinen Gedanken nach.

Erinnerungen und Erfahrungen

So auch an einem Sonnabend im Juni. Die Buhnen waren fast alle leer, es hatte am Vormittag geregnet. Doch jetzt brannte die Sonne, der Fluss strömte vorbei, es roch nach Tang und Schlick. Der Fluss hat seinen eigenen Geruch.

Plötzlich hörte ich die Hilferufe und lautes Weinen! Eine Luftmatratze trieb auf die Fahrrinne in der Mitte des Flusses zu. Darauf waren zwei Kinder, die noch lauter um Hilfe riefen, als sie mich sahen. Die Worte meines Vaters spulten sich sofort in meinem Gehirn ab: „Sachen aus und entgegen schwimmen!"

Im Laufen zog ich meine Sandalen, das Nicki und die kurze Hose aus und rannte, rannte. An der nächsten Buhne stürzte ich mich ins Wasser und schwamm der schon bedrohlich weit vom Ufer entfernten Luftmatratze entgegen, schräg gegen die Strömung.
Ich spürte den Sog und die wechselnden Strudel an meinen Beinen. Vorwärts kam ich nicht, aber darum ging es auch nicht.

Dann war die Luftmatratze mit den vor Angst völlig erstarrten Kindern da. Ich stemmte mich gegen sie. Von nun an war es ein Kraftakt: die Matratze musste aus der Strömung! Nur nicht in die Fahrrinne gelangen!

„Paddle mit!", schrie ich und schluckte dabei eine große Welle Wasser. Der größere Junge hatte schnell begriffen, paddelte mit den Beinen und hielt den kleineren, der keinen Laut von sich gab, so gut es ging fest.
Meine Kraft ließ bald nach – ich war ein 11jähriges Mädchen!

Erinnerungen und Erfahrungen

Der Größere, er war ungefähr so alt wie ich, sah mich mit Entsetzen in den Augen an, der Kleine war erstarrt.
„Ruf um Hilfe!", keuchte ich. Der ältere Junge schrie und der andere tat es ihm nach. Ich schob die Matratze in Richtung Ufer oder versuchte es jedenfalls mit letzter Kraft. 'Nur noch um diesen Buhnenkopf!', dieser Gedanke wiederholte sich in meinem Kopf. Das Wasser rauschte und gurgelte um uns herum, aber es klang nicht bedrohlich. Und da wusste ich: Wir schaffen es!

Ich schluckte noch einmal eine große Welle Flusswasser. Egal, wir schaffen es! Immer wieder die gleichen Gedanken. In meinem Kopf wirbelte es: Wir werden nicht ertrinken! Wir werden es schaffen!

Und dann waren plötzlich starke Arme da, die schoben und die uns Kinder festhielten. Die letzten Meter schwamm ich alleine, dann fiel ich in den warmen Sand. Geschafft. Ich fühlte nichts, ich lag nur da und sah in den Himmel.

Die jungen Männer, die uns gerettet hatten, zelteten mit ihren Freundinnen am Ufer. Auch auf ihren Gesichtern sah man den Schrecken über das eben Erlebte. Einer fuhr mich an: „Sag mal, spinnst du? Du bist doch die Ältere, kannst doch mit deinen Geschwistern nicht so weit raus schwimmen! Und wo sind eigentlich eure Eltern?"
„Das ist nicht unsere Schwester. Sie ist ins Wasser gesprungen, um uns zu retten. War ja keiner weiter da. Oma und Opa schlafen dort irgendwo." Der größere Junge zeigte stromaufwärts.
Jetzt sahen mich alle an und mir wurde übel. Ich ging beiseite und erbrach den gefühlten halben Fluss.

Erinnerungen und Erfahrungen

Das Ende ist schnell erzählt: Ich suchte den Buhnenkopf, auf dem ich gesessen hatte, zog mich an und radelte nach Hause.
In den nächsten Tagen stand ein Artikel in der Zeitung: Es wurde nach dem unbekannten Mädchen gesucht, das zwei Kinder aus der Elbe gerettet hatte. Ich habe nie jemandem davon erzählt.
Wozu auch? Es war doch gut ausgegangen.

Erinnerungen und Erfahrungen

Brigitte Riedl

Pfingsttreffen 1967 in Karl-Marx-Stadt

Zu den 450 Leichtathleten, die sich für den DDR-Ausscheid im 'Cross der Jugend' anlässlich des Pfingsttreffens qualifiziert hatten, gehörte auch ich.
Ich vertrat den Sportverein der Kleinstadt, in der ich wohnte. Etwa hundert Läuferinnen in meiner Altersgruppe traten nervös von einem Bein auf das andere und schubsten und drängelten um den besten Startplatz.

Ich war die Ruhe in Person, es gab für mich nur eins: mitlaufen und nicht Letzte werden. Mehr ging sowieso nicht. Die anderen Mädchen waren einfach schneller, sahen jedenfalls so aus. Warum also aufregen? Mein mitgereister Trainer war leider anderer Meinung und nervte ein bisschen.

Wir starteten auf der Diagonale eines Sportplatzes. Das Gedränge wurde noch größer, als wir aus dem Stadion liefen und uns auf der Strecke einfädelten. Es ging gleich in einen Wald hinein und der Weg wurde auch noch uneben.
Ich lief gleichmäßig im hinteren Teil des Feldes vor mich hin bis ich einen heftigen Stoß verspürte, der mich taumeln ließ.

Ein Mädchen hatte mich rücksichtslos überholt und drehte sich in vollem Lauf um: „Gib doch auf, du taube Nuss!" Sie lief so schnell es ging an den anderen Läuferinnen vorbei, immer mit abgewinkelten Ellenbogen. Die anderen Mädchen machten ihr respektvoll Platz.

Erinnerungen und Erfahrungen

'Taube Nuss' – die meinte mich! Dir zeige ich mal eine 'Taube Nuss', dachte ich und rannte hinter ihr her. Auf dem Rest der 1000 Meter klebte ich an ihr. Es machte mir Spaß, sie zu jagen. Ab und zu drehte sie sich zu mir um.

Beim Einlauf ins Stadion und auf der Zielgeraden war sie immer noch vor mir – auf der Ziellinie hinter mir! Sie wurde 7. und ich 6. und bis zum 6. Platz gab es Medaillen und einen Händedruck von Hans Grodotzki (ehemaliger Langstreckenläufer der DDR).

In meiner Heimatstadt wurde ich gefeiert und es stand ein Artikel in der Zeitung mit dem Bild, auf dem mir Hans Grodotzki gratulierte. Es war mir eigentlich zu viel Trubel, aber mein Vater war stolz wie Bolle.

Im September 1967 wurde ich zum Sportclub Magdeburg delegiert und wohnte im Internat. Und dort traf ich meine Widersacherin wieder: Wir waren in derselben Klasse und Trainingsgruppe. Wir redeten kaum miteinander. Sie war ehrgeiziger und damit besser als ich. Unser Trainer lobte sie: Sie war seine zukünftige Weltmeisterin. Wurde sie aber nie. Aber das war mir egal, ich hatte meinen Triumph gehabt.

Erinnerungen und Erfahrungen

Ursula Safar

„Hallo, Sie da!"

Von der Haltestelle der Straßenbahn aus beobachtete ich folgendes: Auf der anderen Seite ging eine schon etwas betagte Dame, die aber dank ihres Rollators recht zügig voran kam. Ein Mann mittleren Alters kam ihr entgegen.

Erst als der bereits an der Frau vorbeigegangen war, bemerkte er einen weißen Zettel auf dem Gehweg, den die alte Dame möglicherweise verloren hatte. Er hob das Papier auf, winkte damit und rief: „Hallo, junge Frau!"

Es wunderte mich nicht, dass die Dame sich nicht umdrehte – sie konnte sich ja mit dieser Anrede unmöglich gemeint fühlen. Der Mann sah auf das Papier, schüttelte den Kopf und steckte es in seine Jackentasche. Sicher war es nichts von Wichtigkeit.

Doch nun fragte ich mich: Was hätte der Mann rufen müssen, damit die alte Frau sich angesprochen fühlen und reagieren konnte? Etwa nur 'Hallo, Frau!'? – Wie unhöflich! – Oder 'Meine Dame!'? – Klingt auch unmöglich. Und wieso 'seine' Dame?

In anderen Ländern hat man dafür charmantere Namen: Madame (französisch, bzw. englisch, dann „Mädäm" gesprochen), Señora, Signora, Lady, Pani und andere wohlklingende Bezeichnungen nebst Nebenformen. In der deutschen Sprache gibt es nur das etwas grob klingende kurze Wort 'Frau'.

Erinnerungen und Erfahrungen

Vor etlichen Jahren gab es noch die nette Bezeichnung 'Fräulein', die nicht mehr gebräuchlich ist, weil sie angeblich diskriminierend und abwertend war – schließlich gab es ja auch keine 'Männlein' oder 'Herrlein'.

Und dabei waren wir Mädchen einmal so stolz auf diese Anrede! Mit 14 Jahren bekamen wir feierlich den ersten Personalausweis überreicht: „Fräulein Müller, mit diesem Dokument gehören Sie nun zum Kreis der Erwachsenen …!" Dabei waren wir noch Kinder, bildeten uns aber auf die neue Anrede etwas ein.

Der Ruf 'Fräulein' war aber auch gebräuchlich, um eine weibliche Bedienung in der Gaststätte oder eine gelangweilt herumstehende Verkäuferin auf sich aufmerksam zu machen.

Später kämpften viele der Fräulein darum, diesen Namen wieder los zu werden. Das gelang am besten, wenn man unauffällig auffällig einen Ehering zeigte oder wenn man einen Kinderwagen vor sich her schob. Dann war man 'Frau', und zwar 'Junge Frau'!

Auch ich wurde viele Jahre lang so angeredet, bis eines Tages ein Herr in der Straßenbahn mir seinen Platz anbot. Spätestens da wurde mir klar, dass der Zusatz 'junge' in der Anrede für mich nur noch gedankenlose Höflichkeit war.
Und als ich dann eine junge Mutti zu ihrem Töchterchen sagen hörte: „Lass mal die Oma sich hinsetzen.", war es endgültige Wahrheit: Das Wort 'junge' stand mir nicht mehr zu. Ja, aber was dann? Hat nicht jemand einen netten Vorschlag?

Erinnerungen und Erfahrungen

Als ich mit meinen Gedanken so weit gekommen war, hörte ich hinter mir eine männliche Stimme rufen: „Hallo, Sie da!" Suchend schaute ich mich um – und mit mir etwa ein Dutzend weitere Leute.

Erinnerungen und Erfahrungen

Ursula Safar
Ein Herz aus Stein

Heute möchte Lydia besonders schick aussehen. Es wäre doch gelacht, wenn der gutaussehende Herr mit dem vollen weißen Haupthaar und dem schmucken Bärtchen über der Oberlippe ihr nicht endlich auch einmal seine Aufmerksamkeit schenken würde! Vielleicht, dass er sie ja heute sogar einmal zum Tanzen auffordert?

Dabei ist die Wahrscheinlichkeit nicht sehr groß, wie sich Lydia eingesteht. Zu den wöchentlichen geselligen Treffen der Senioren erscheinen stets viel mehr Frauen als Männer und da haben die letzteren natürlich die größere Auswahl. Und da sie etwas klein und ein wenig pummelig geraten ist, hatte der gewisse Herr sie wohl bisher übersehen.

Heute aber hat Lydia ein ungewisses Gefühl, – oder mehr so eine Ahnung, – dass ihr ein freudiges Erlebnis bevorstehen würde. Lange wählt sie ihre Kleidung aus, dann entscheidet sie sich für die schwarze Hose und den himmelblauen Pullover aus Feinstrick mit einer kleinen Silberstickerei, der die Farbe ihrer Augen so vorteilhaft betont.

Nun noch der Schmuck: Das Kästchen mit dem echten und unechten Goldschmuck lässt sie heute ausnahmsweise einmal unbeachtet – er passt nicht zur Kleidung. Statt dessen greift sie zu der Schachtel mit dem 'Silberzeug', wie sie es nennt. Beim Kramen darin fällt ihr eine eigenwillige Kreation in die Hände, die sofort eine schon fast vergessene Erinnerung in ihr weckt:

Erinnerungen und Erfahrungen

Es war wenige Jahre nach dem Krieg, als in der Nachbarwohnung eine Frau mit ihrem halbwüchsigen Sohn einquartiert wurde. Beide waren Flüchtlinge und suchten nach Angehörigen.
Lydia war damals fast noch ein Kind. Sie und der zwei Jahre ältere Herbert freundeten sich sofort an. Beide lasen gerne in den selben Büchern und hatten Spaß daran, sich eine phantastische und oft skurrile Traumwelt zurecht zu 'spinnen', wie es die Erwachsenen nannten, und gemeinsam konnten sie herzlich darüber lachen. Es waren wunderbare Stunden und Tage in dieser schweren Zeit.

Zu Lydias fünfzehntem Geburtstag überraschte Herbert sie mit einer selbstgebastelten Kette. Die bestand aus einem ganz gewöhnlichen, graubraunen Stein, wie sie zu unendlichen überall zu finden waren.
Das Besondere an diesem etwa fünf Zentimeter großen, flachen Stein aber war seine gleichmäßige und eindeutige Herzform. Aus feinem Messingdraht hatte Herbert eine kunstvolle Kapsel um dieses Herz gebogen und gedreht, so dass es wie ein Medaillon aussah.

Als er Lydia dieses Schmuckstück, das an einer einfachen Schnur hing, überreichte, wurde er verlegen. So begann eine Jugendliebe, die aber leider nicht einmal ein ganzes Jahr dauern sollte.

Über den Suchdienst beim Roten Kreuz hatte Herberts Mutter ihre Familie gefunden und den beiden jungen Leuten stand ein herzzerreißender Abschied bevor. Sie versprachen sich, einander Briefe zu schreiben, doch die Zeit heilt nicht nur Wunden, sie schafft auch neue Eindrücke.

Erinnerungen und Erfahrungen

Die Abstände zwischen den Briefen wurden immer länger und irgendwann blieben diese ganz aus.
Lydia wurde erwachsen und nach einer glücklichen, aber leider nur wenige Jahre dauernden Ehe, Witwe. Später hatte sie versucht, den Kontakt zu Herbert wieder aufzunehmen, aber ihr Brief kam mit dem Vermerk 'Unbekannt verzogen' zurück.
Sie hat nie wieder geheiratet – es hatte sich einfach nicht ergeben.

Jetzt schreckt Lydia aus ihren Gedanken auf und schaut auf die Uhr. Sie würde sich verspäten! Zu lange hat sie ihren Erinnerungen nachgegangen. Doch sie beruhigt sich mit der Gewissheit, dass ihre Freundin Anni sicher einen Platz für sie freihält.
'Hoffentlich nicht in der Nähe von diesem Grusligen', denkt Lydia besorgt. Hastig hängt sie sich die Kette um, deren Schnur sie längst gegen eine Silberkette ausgetauscht hatte. „Als Modeschmuck geht sie bestimmt durch", denkt sie noch.

Mit dem 'Grusligen' ist ein älterer Mann gemeint, der seit einiger Zeit ebenfalls häufig zu den Veranstaltungen der Senioren kommt, sich aber sehr zurückhält.
Vielleicht liegt das ja an seinem Äußeren. Die Brille mit den dicken Gläsern scheint für ihn eher ein Handicap als eine Hilfe zu sein, denn beim Lesen in den üblichen Programmheften hält er diese fast an seine Nasenspitze.

Sein Gesicht ist entstellt von einem Brandmal auf der rechten Wange und mehreren Narben im unteren Teil des Gesichts.

Erinnerungen und Erfahrungen

Es ist möglich, dass er sich deshalb nicht sehr sorgfältig rasieren kann, denn es sind meist noch etliche dunkle Bartstoppeln sichtbar. Sein spärliches, aschgraues Haupthaar sieht ebenfalls nicht sehr vorteilhaft aus.

Einmal, als die beiden Frauen sich auf dem Heimweg über diesen Mann unterhielten, meinte Anni nachdenklich: „Wer weiß, wobei er sich die entstellenden Narben geholt hat." „Vielleicht bei einem Unfall?", überlegte Lydia und die Freundin spann den Faden weiter: „Stell dir vor, er hätte anderen Menschen das Leben gerettet, etwa bei einem Feuer, und sich dabei selbst in Gefahr gebracht!" –
„Egal", schloss Lydia unwirsch das Gespräch ab. „Es sieht jedenfalls gruslig aus." Seit diesem Tag nennen sie ihn den 'Grusligen'.

Lydia öffnet die Tür zu dem kleinen Saal, der heute proppenvoll besetzt ist. Die Veranstaltung hat bereits begonnen, Anni hebt winkend die Hand und Lydia schleicht sich so unauffällig wie möglich zu dem freien Platz.

Doch plötzlich bekommt sie einen Schreck: Genau daneben hat der 'Gruslige' Platz genommen! Aber das ist nicht zu ändern. „Dann muss ich eben in die andere Richtung schauen", denkt Lydia, und das tut sie auch konsequent während des gesamten Programms. Bei dem Vortrag der allseits beliebten Akkordeongruppe und den humorvollen Überleitungen durch den Moderator vergisst sie den Mann neben sich fast.
Dann beginnt der zweite Teil des geselligen Nachmittags, der vor allem den Tanzfreudigen gefällt.

Erinnerungen und Erfahrungen

Lydia dreht sich wieder halb um und sucht mit den Augen den Saal nach einem gewissen Herrn ab. Dabei bemerkt sie ärgerlich, dass der 'Gruslige' sich zu ihr gebeugt hat und stumm ihr Medaillon betrachtet.

„Ich wüsste nicht, was es da zu gucken gibt!" fährt sie ihn gereizt an. „Entschuldigen Sie bitte", sagt der Mann mit leiser, aber wohlklingender Stimme. „Verraten Sie mir bitte, woher Sie diesen Anhänger haben?" „Das geht Sie doch wohl überhaupt nichts an!" Jetzt ist Lydia endgültig verärgert und wendet sich ab.

„Schade", hört sie die Stimme hinter sich, die ihr nun, da sie den Mann nicht mehr sieht, aus irgend einem Grund den Atem nimmt.
„Schade", wiederholt die Stimme. „Als ich noch sehr jung war, habe ich einmal einem wundervollen, lieben Mädchen solch einen Anhänger geschenkt. Es war meine erste große Liebe."
Und nach einem tiefen Seufzer flüstert sie fast: „Ich suche sie schon so lange."

Grażyna Werner

Die Sternenstunden

Seit es das Internet gibt, kaufe ich kaum noch Tageszeitungen, aber heute habe ich eine Ausnahme gemacht. Vielleicht, weil ich selten meine Heimatstadt besuche, seit es meine Eltern nicht mehr gibt. Diesmal kam ich wegen der Buchmesse hierher, mein Verleger stellt aus und morgen werde ich eine Lesung haben.

Beim Blättern in der Zeitung stieß ich auf Todesanzeigen. „Jemand von meinem Freundeskreis?", dachte ich und gleich zog es meinen Blick zu einer bestimmten Information. „Nein, nein, unmöglich", wollte ich schreien, „doch nicht Thomas, nicht er! Zu früh! Man stirbt doch nicht mit noch nicht einmal sechzig Jahren ..."

Ich dachte sofort an den wunderschönen Sommer, als wir uns bei einer Paddelwanderung kennen gelernt hatten. Damals studierte ich Journalistik, Thomas Astrophysik. Unsere langen Abende, halbe Nächte fast, traten mir wieder vor die Augen: Der Himmel voller Sterne, Thomas' Erklärungen dazu, meine unzähligen Fragen: „Wie groß ist das Universum?", „Wenn es begrenzt ist, was befindet sich jenseits seiner Grenzen?", „Wie kann etwas unendlich sein?" ...
Thomas erklärte mir, dass unsere Welt vielleicht mehr Dimensionen hat, als wir wahrnehmen können. Wir sprachen über schwarze Löcher, Supernovas, Kometen, aber auch über Horoskope. Umarmt schauten wir nach oben, genossen die Stunden der Zweisamkeit unter den Sternen.

Erinnerungen und Erfahrungen

Nach diesem Sommer bekam ich ein Auslandsstipendium. Wir schrieben uns gelegentlich, aber es fielen nie große Worte. Das war gut so, ich wollte mich damals nicht binden, träumte von Reisen, von interessanten Reportagen ...
Unsere Wege trennten sich allmählich und lange Zeit hörte ich nichts über Thomas.

Jetzt ist er nicht mehr da. Ich bestelle einen Cognac, einen mit drei Sternen. „Auf unsere sternenreichen Nächte, Thomas", denke ich und nippe an dem edlen Brand.

Erinnerungen und Erfahrungen

Ursula Safar

Ein liebevolles Andenken

Es wird endlich einmal Zeit, die vollen Kartons und Kisten zu entsorgen, die seit dem letzten Umzug im Keller den Platz wegnehmen. Doch bevor ich sie endgültig der Müllentsorgung übergebe, will ich ihren Inhalt noch einmal wenigstens oberflächlich inspizieren. Leicht könnte etwas Wichtiges unwiederbringlich verloren gehen.

Fort mit dem angeschlagenen Geschirr! Fort mit dem geschmacklosen Wandbild, dem wachsbekleckerten Kerzenständer ... Dann halte ich eine große Papiertüte in der Hand. Ihr Inhalt: ein weißer Pullover.

Zum ersten Mal hatte ich diesen Pullover vor vielen Jahren in einem Ferienlager an der Ostsee gesehen.
Die Zelte waren zu beiden Seiten des Appellplatzes angeordnet, unserem Mädchenzelt gegenüber stand die Unterkunft einer Jungengruppe.

Bei der Erinnerung an diese Zeit muss ich schmunzeln. Was hatten wir 14jährigen Mädels mit den kaum älteren Burschen geflirtet! Zuerst mit Kichern und Blicken aus der Ferne, später auch mit Worten. Schließlich konnte man beim abendlichen Lagerfeuer so manches Paar Händchen haltend beobachten. Und dabei blieb es.

Natürlich hatte auch ich meinen „Schatz", einen stillen, etwas verträumten Jungen. Wir sprachen nur wenig miteinander, um so mehr himmelten wir uns an.

Doch heute kann ich mich beim besten Willen nicht mehr an sein Gesicht erinnern und auch seinen Namen weiß ich nicht mehr.
Wenn ich zum Lagerfeuer kam, konnte ich ihn leicht zwischen den anderen erkennen: Er trug dann wegen der Abendkühle gern diesen Pullover aus Feinstrick, dessen Weiß mit einem leicht bläulichen Schimmer sogar im Dunkeln leuchtete wie unberührter Schnee.

Drei Wochen Baden im Meer, Wandern durch die bis an die Dünen reichenden Föhrenwälder, unbeschwertes Glück und erstes Verliebtsein! Sie hatten leider ein viel zu schnelles Ende!
Morgen sollte Abschied sein. Traurig schlich ich abends in die Dünen, niemand sollte meine Tränen sehen.

Ein Geräusch, das nicht zu den brechenden Wellen am Strand gehörte, ließ mich auffahren. Hinter mir bei den Kiefern knackte ein Zweig und zwischen ihren Stämmen bewegte sich etwas Weißes.

Ich musste an die Sage vom schneeweißen Einhorn denken, das umherirrend seine Gefährten sucht. Oder schwebte dort fast lautlos eine Waldelfe? Denn außer diesem leuchtenden Weiß konnte ich noch nichts erkennen.

Endlich trat „mein Schatz" aus dem Schatten der Bäume und kam langsam auf mich zu. Wortlos setzte er sich neben mich. Wir schauten beide auf die Wellen vor uns, es gab nichts zu sagen.
Bald konnte ich ein Zittern nicht mehr unterdrücken. War es die Abendkühle, war es Abschiedsschmerz?

Erinnerungen und Erfahrungen

„Du frierst ja", stellte der Junge fest. Ich hatte nur ein leichtes Nicki an. Als er seinen Pullover auszog, knisterte dieser leise, und als er ihn mir überstreifte, war ich wie elektrisiert. Ich spürte die Wärme des Jungenkörpers auf meiner Haut. Obwohl ich nun nicht mehr fror, kuschelte ich mich selig in das für mich viel zu große Stück.
Der Junge legte beide Arme um mich, wie um mich zusätzlich zu wärmen. Und dann spürte ich den ersten richtigen Kuss meines Lebens.

Am nächsten Morgen wollte ich den Pullover zurückbringen, doch das Zelt gegenüber war leer. Die Gruppe war bereits in aller Frühe abgereist.

Brigitte Riedl

Ein schreckliches Erlebnis

Wie so oft wartete ich mit meinem Fahrrad am Rande des Gehweges, um die Straße zu überqueren. Sie führte zu den Fabriken und war zu dieser Zeit am Nachmittag stark von LKWs befahren.
Also stand ich brav und wartete auf eine Lücke. Ich kannte die Straße, denn ich wohnte hier.

Plötzlich sauste jemand auf seinem Fahrrad an mir vorbei direkt auf die Straße – direkt vor einen LKW!
Ich ließ vor Schreck mein eigenes Rad fallen. Diese Bremsgeräusche, diese Schreie, das Quietschen der Reifen, das Scheppern von Blech ... !

Ich sah etwas durch die Luft fliegen. Dann Stille. Der LKW stand, ein paar Leute rannten an mir vorbei. Es war eine gespenstische Stille.
Ich hob langsam mein Fahrrad auf und schob es nach Hause. Kein Blick zur Straße, kein Blick zurück.

Leute kamen aus ihren Häusern, die Autos standen, die Fahrer stiegen aus. Noch immer diese Stille
Ich verkroch mich am helllichten Tag im Bett. Niemand aus meiner Familie fragte mich etwas. Sie hatten den Unfall gehört und waren froh, dass ich nicht beteiligt gewesen war.

Ich habe nie mit jemandem darüber gesprochen. Aber des Nachts kamen die Träume und ich schrie. Dann setzte sich mein Vater an mein Bett.

Erinnerungen und Erfahrungen

Aus der Zeitung hatte ich dann erfahren, dass es ein zehnjähriges Mädchen betroffen hatte. Es hatte den Unfall nicht überlebt.
Ich habe lange gebraucht, alles zu verarbeiten, vor allem, weil ich auf meinem Schulweg täglich an dieser Stelle vorbei gehen musste. Ich wurde immer stiller.

Heute weiß ich, dass es mir damals geholfen hätte, darüber zu reden. Aber es waren andere Zeiten: es war 1961.

Ursula Safar

Auf der Suche nach Heimat

Walter legt die Tageszeitung beiseite. Das eben Gelesene ruft Bruchstücke von Erinnerungen in ihm wach und er lässt ihnen freien Lauf: Er sieht sich als Fünfjährigen an der Hand der Mutter auf einer der schier endlosen Alleen, die einzelne Dörfer und Gehöfte miteinander verbinden.

Die Mutter öffnet ein hölzernes Tor. Eine ältere Frau kommt eilig auf sie zu, drückt der Mutter ein Päckchen in die Hand und flüstert: „Schnell fort ehe der Bauer kommt!" Wenig später essen sie im Graben am Straßenrand Brot und ein Stückchen Wurst.

Von den meisten Höfen werden sie mit wortreichem Bedauern weitergeschickt: Zu viele Flüchtlinge wären schon vorbeigekommen, wolle man allen helfen, habe man selbst nichts mehr. Nein, Arbeit gibt es keine und bleiben können sie auch nicht. Nicht einmal, um sich etwas von der nun schon Monate dauernden Wanderung auszuruhen.

Dann gehen Walter und seine Mutter durch eine Stadt, in der er mehr Ruinen als bewohnbare Häuser sieht. Mutter befragt Leute, die fast alle ebenso umherirren wie sie selbst.

Endlich stehen sie in einem Raum mit einem großen Tisch. Ein Mann, der nur einen Arm hat, gibt der Mutter einen Zettel und zeigt ihr auf einer Landkarte an der Wand den Weg. Nein, eine Bahn fahre noch nicht wieder, sie müssen laufen.

Erinnerungen und Erfahrungen

Die Spätsommersonne brennt und Walter wird es heiß. Er möchte den dicken Mantel ausziehen, aber die Mutter erlaubt es nicht: „Den kann ich nicht auch noch schleppen und im Winter wirst du ihn brauchen!" Das sieht er sogar als Kind ein: Mutter plagt sich schon mit dem Rucksack und einem Koffer ab, in denen ihre ganzen Habseligkeiten stecken.

Sie erreichen den Stadtrand, der weniger zerstört zu sein scheint. Sie finden das zweistöckige Haus mit der Adresse, die auf dem Zettel steht. In einer der sechs Wohnungen zeigt ihnen eine junge Frau das Zimmer, in dem sie nun wohnen werden. Es ist groß und hell, sogar mit Gardinen an den beiden Fenstern.

Das Mobiliar besteht aus einem Bett mit Matratze und einem Kleiderschrank. Sonst nichts. Waschen können sie sich in einer Wasserschüssel in der Küche. Letztere müssen sie sich mit der Familie teilen, wird ihnen gesagt. Ein Bad gibt es nicht, das Plumpsklo erreicht man über den Hof.
Walter und seine Mutter haben das dringende Bedürfnis zu schlafen. Doch erst bekommen sie jeder noch einen Teller Suppe und ein Stück Brot von der freundlichen Frau.

In den nächsten Tagen lernt Walter die übrigen Bewohner des Hauses kennen. In der gemeinsamen Wohnung leben die junge Frau und ihr Mann mit drei Kindern. Die alle müssen nun mit den beiden anderen Zimmer auskommen, in denen es verdammt eng wird.
Eines der Mädchen ist etwa so alt wie Walter und die beiden freunden sich schnell an.

Erinnerungen und Erfahrungen

Überhaupt gibt es in jeder Familie zwei oder mehr Kinder und hätte nicht überall die Not hervorgeschaut, hätte es eine glückliche Zeit werden können!

In den nächsten Tagen bringen Nachbarn ein bisschen Geschirr und anderes Notwendige vorbei, auf dem Dachboden werden ein etwas wackliges Tischchen und zwei Stühle gefunden und endlich bringt jemand sogar ein zweites Bett! Das Gestell ist aus Metall und quietscht ganz fürchterlich, aber die Mutter weiß bald damit umzugehen.

Dann stellt Walter fest, dass sogar in einem der Keller eine Familie wohnt: Ein etwas älterer Junge mit seiner Mutter und der Großmutter. Und in einem der sechs gemauerten Kaninchenställe auf der anderen Seite des Hofes leben zwei ältere Männer. Sie sprechen nur wenig deutsch, gehen am Tage zu einem Bauern arbeiten und schlafen nachts auf Strohsäcken in dem kleinen Raum. Sie sind sehr freundlich, vor allem zu den Kindern, und werden von den übrigen Bewohnern ebenfalls mit dem Nötigsten versorgt.

Durch die Vermittlung dieser beiden Männer bekommt die Mutter Arbeit als Magd und erhält nun eine Lebensmittelkarte und etwas Geld.
Walter ist trotz allem ein glückliches Kind. Er fühlt sich geborgen und die Sorgen der Erwachsenen kann er in seinem Alter noch nicht nachvollziehen. Er weiß es nicht anders und vermisst deshalb nichts.
Seinen Vater kennt er nicht, der ist 'im Krieg geblieben', wie Mutter sich ausdrückt, und er kann sich darunter noch nichts vorstellen.

Erinnerungen und Erfahrungen

Und dann kommt dieses Weihnachtsfest, das er in seinem Leben nicht vergessen wird! Schon einige Zeit vorher tun die Erwachsenen sehr geheimnisvoll.
Am Tag zuvor gehen zwei der Väter in der Dämmerung fort und kommen erst spät in der Nacht wieder. Die Kinder merken nichts davon, doch am nächsten Morgen steht mitten im Hof in einem eingegrabenen Eimer mit Erde eine große Fichte.
Und die dürfen die Kinder jetzt schmücken!

Die paar Christbaumkugeln aus der Schachtel vom Dachboden reichen längst nicht. Aus Papier werden Sterne und Herzen geschnitten und lange Ketten geklebt.
Viele der Erwachsenen erinnern sich an Basteleien aus ihrer eigenen Kindheit und endlich steht ein fantasievoller, herrlich geschmückter Weihnachtsbaum da!
Sogar ein paar Strohsterne fehlen nicht, die haben die beiden Männer gefertigt, die in dem Kaninchenstall leben.

Walter kann sich heute noch nicht erklären, wer die Kerzen gespendet hat. Jedenfalls stehen am Abend alle, Groß und Klein, rings um den hell leuchtenden Baum und singen Lieder.
Und ohne Abrede fassen sich dabei alle bei den Händen: Die Geflüchteten und die Einheimischen, die aus dem Keller und die aus dem Stall.

Dann gibt es sogar noch Geschenke für die Kinder und Walter hat den braunen Schal, den seine Gastgeberin für ihn gestrickt hat, lange in Ehren gehalten, auch wenn der ein wenig am Hals kratzte und eigenartig roch.

Erinnerungen und Erfahrungen

Es waren das Miteinander und Füreinander, es war die Herzlichkeit, die dieses Fest so unvergesslich werden ließ.

Heute ist Walter allein, doch er ist fest entschlossen, dass es dabei nicht bleiben soll.
In der Tageszeitung steht ein Aufruf und nun weiß er, wie und wo man auch heute Hände reichen kann. Und er macht sich auf den Weg.

Im Urlaub und auf Reisen

Brigitte Riedl

Eine Reise in die Vergangenheit

Vor kurzem besuchte ich mit meinem 11jährigen Enkel meine Heimatstadt. Er war zum ersten Mal hier.
Die kleine Stadt an der Elbe hat ihre Reize: Der Burgberg, der Gefängnisturm, die Burganlage, die noch sehr gut erhaltene Stadtmauer und die anderen historischen Bauten faszinierten den Jungen. Und so streiften wir stundenlang durch die Stadt.
Er fotografierte alles, was er sah, und ich musste die Geschichten dazu erzählen.

Endlich hatte er genug. Ich atmete tief durch. „Oma, jetzt essen wir Eis und dann müssen wir noch in die Kirche. Die ist toll, hast du gesagt. Und kühl!"
Es war heiß und ich war fix und fertig. „Nik ...", fing ich an, weiter kam ich aber nicht. „Zwei Kugeln Schoko und der Mann hinter dir starrt dich andauernd an. Dreh dich doch mal um." Nik kicherte, zwinkerte verschwörerisch und warf mir eine Kusshand zu.

„Du hast zu viel Fantasie, Kleiner." Ich fuhr ihm mit beiden Händen durch die Haare. Das konnte er gar nicht leiden und er drehte beleidigt den Kopf weg. „Oma!!! – Dann eben nicht!" Demonstrativ richtete er mit den Fingern seine Haare.
„Wie meiner", sagte eine tiefe Stimme hinter mir. Ich drehte mich um. Dunkelbraune Augen, schwarze Haare und ein freches Grinsen. Ich fühlte mich wie vor 48 Jahren!

„Hallo", sagte er mit tiefer Stimme. Ich: „Was hast du mit deiner Stimme gemacht? Bist etwa doch noch ein Mann geworden?" „Und du hast ganz schön zugelegt, du dünnes Kind", lachte er. Wortgeplänkel wie früher.
„Oma, wir sind dran!" Nik schubste mich. Der Mann schubste mich ebenfalls: „Na los, Oma." Ich drehte mich wortlos um und kaufte das Eis.
„Ich bezahle", sagte er. – „Hast du im Lotto gewonnen?" Wir waren beide etwas verlegen.

Er war mein Schwarm gewesen, vom Sandkasten bis zur Disco. Er hatte es gewusst. Und ich hatte gewusst, dass er es wusste. Seit ich dann in Magdeburg zur Kinder- und Jugendsportschule ging, haben wir uns nicht mehr gesehen.

„Im Lotto habe ich nicht gewonnen, ich bin Arzt geworden. Und du?"
„Vermesser – Vermessungsingenieur – Diplomingenieur", stotterte ich. Er machte mich wütend. Angeber!
„Und damit du es gleich weißt: Ich habe gar kein Auto. Aber du fährst doch bestimmt irgend so ein teures Ding?" – „Oma hat noch nicht mal ein Fahrrad!" meldete sich Nik zu Wort. Er hatte sein Eis aufgegessen und griff nach meiner Eistüte. Ich gab sie ihm, mir war der Appetit vergangen.

„Wer braucht schon ein Auto!" Er lachte und irgendwie war es wie früher, als wir Streiche ausheckten oder Hand in Hand über den kleinen Weihnachtsmarkt gingen.
Wie oft hatte er mich in unserer „Bude" zwischen dem Gebüsch in den Elbanlagen getröstet, wenn wir wieder einmal bei unseren Streichen erwischt worden waren!

Im Urlaub und auf Reisen

Meine Eltern griffen hart durch, da gab es schnell mal eine Backpfeife. Seine Eltern waren toleranter.
Wir gehörten einfach zusammen. Daran zweifelte niemand.

Die Schuljahre vergingen. Irgendwann hatten wir dann mal gestritten und uns nicht mehr versöhnt. Er war mit einem Mädchen Eis essen gegangen. Ich hatte es zwar nicht gewusst, aber die Beiden gesehen.
Ein bisschen war ich froh gewesen, als ich die Schule verließ.

Ich gab ihm die Hand: „Mach's gut." „Du auch." Jetzt war es ein Abschied für immer, ein endgültiger Abschied von der Kindheit.
Seine Frau war aus einer Boutique auf der anderen Straßenseite gekommen und rief ihn. Jeder von uns beiden hatte sein eigenes Leben. Wir gingen getrennte Wege.

Ich drehte mich in dem Augenblick noch einmal um, als auch er sich umdrehte. Wir winkten uns noch einmal zu und irgendwie war ich traurig.
Nik drückte meine Hand: „War das mal dein Freund, Oma?" Ich lachte: „Nur ein Schulfreund. Wir haben zusammen allerlei Dummheiten gemacht." – „Los, erzähl mal, Oma!" – „Nicht heute, irgendwann einmal."
Niklas nickte: „Aber nicht vergessen."
Die Besichtigung der Kirche wurde dann noch ein schöner Abschluss dieses Tages.

Ursula Safar

Ehrliche Finder

Während eines Urlaubs in Bulgarien hatte ich mir dort einige bestickte Blusen, Bänder und kunstvoll gewebte Bordürenstoffe gekauft.
Sie waren überaus hübsch und damals auch bei uns sehr in Mode. Ich hatte den größten Teil meines Taschengeldes dafür ausgegeben und freute mich schon auf meine neue Garderobe.

Mein Mann und ich benutzten kein Flugzeug, sondern reisten grundsätzlich mit dem Zug, um Landschaften und Menschen kennen zu lernen.
Allerdings mussten wir dafür auch den eigenen Transport des Gepäcks in Kauf nehmen, was vor allem beim gelegentlichen Umsteigen in einen anderen Zug beschwerlich sein konnte.

Als wir diesmal auf der Heimreise endlich im letzten Zug saßen, kamen wir mit einem Ehepaar ins Gespräch, das ebenfalls gerade seinen Urlaub beendet hatte. Es ergaben sich dadurch genug Themen für eine interessante Unterhaltung bis wir in unseren Heimatbahnhof einrollten.

Die beiden sympathischen Leute halfen uns beim Aussteigen, reichten unser Gepäck hinaus und winkten uns aus dem wieder abfahrenden Zug nach.
Erst zu Hause bemerkte ich mit großem Schreck, dass ein Gepäckstück fehlte: Es war die Tasche mit den Stoffen und den anderen Schätzen!

Im Urlaub und auf Reisen

Hatten wir sie zuletzt im Taxi stehen lassen? Oder in welchem der Züge mochte sie wohl welchen Zielbahnhof erreichen?
Wahrscheinlicher allerdings war, dass sie einen neuen Besitzer gefunden hatte. Schweren Herzens fand ich mich schließlich mit dem Verlust ab.

Etwa eine Woche später klingelte es an unserer Wohnungstür. Es war das Ehepaar, das wir auf unserer Reise zuletzt kennen gelernt hatten – mit meiner Tasche!
Obwohl sie sich nur an unsere Vornamen erinnern konnten, mit denen wir uns angeredet hatten, und wohl auch einmal die Arbeitsstelle meines Mannes im Gespräch gewesen war, hatten die ehrlichen Leute dort nach uns geforscht und uns schließlich gefunden!

Natürlich bedankten wir uns bei ihnen mit einem entsprechenden Finderlohn. Die fremde Frau war von dem Inhalt der Tasche ebenso begeistert wie ich. Dankbar und hocherfreut schenkte ich ihr noch eine der wunderschönen Blusen.
Wie leicht hätte sie auch den gesamten Schatz für sich selbst behalten können!

Brigitte Riedl

Urlaubsbekanntschaft

In diesem Sommer waren mein Mann und ich mit einer Reisegruppe in einem Dorf im Schwarzwald. Das Hotel war klein, aber fein, und in der Luft lag der Geruch von Kühen, Gülle und Tannen. Ländliche Idylle. Von dort aus fuhren wir häufig mit dem Bus zu einigen Sehenswürdigkeiten des Schwarzwalds.

Zum Frühstück und zum Abendessen saßen uns Heidi und Rudi gegenüber, ein Paar etwa Mitte 70. Sie waren nicht verheiratet – sie wollte, er nicht. Bald waren wir im lebhaften Gespräch mit beiden. Rudi schien einfach alles zu wissen, er war wie eine lebende Enzyklopädie. Wie haben viel geredet und viel zusammen gelacht.

Doch alles wusste Rudi auch nicht! Als wir eines Tages nach Freiburg fuhren, erzählte uns der Reiseleiter vom Flüsschen 'Blaue', das durch die ganze Stadt in einer gemauerten Rinne floss. Nach einer alten Überlieferung musste jeder heiraten, der hinein trat. Dabei war es egal, ob aus Versehen oder absichtlich.
Ich hatte den Ausführungen zwar aufmerksam gelauscht, vieles aber bald wieder vergessen..

Wichtig wurde das Gehörte erst, als nach dem Abendessen Rudi von einem Missgeschick erzählte: Er hatte sich nasse Füße geholt, als er in Freiburg ausgerutscht und in das Flüsschen getreten war.

Im Urlaub und auf Reisen

Mein Mann und ich verkniffen uns zunächst das Lachen. Ernsthaft fragte ich ihn, ob er denn dem Reiseleiter nicht zugehört hätte. Ich erzählte ihm die Geschichte noch einmal und fragte ihn dann, wie er sich denn nun verhalten wolle.

„Hei – hei – heiraten?" stotterte Rudi und sah seine Heidi erschrocken an. Die aber nickte ernsthaft. „Hast du ihn ein bisschen geschubst?" fragte ich Heidi augenzwinkernd und dann lachten wir alle.
Bis auf Rudi. Der sah ratlos aus. „Heiraten! Mann oh Mann – auf meine alten Tage!" Heidi streichelte ihm die Wange. „Wir machen das schon", sagte sie liebevoll.

So schön kann es auch im Alter sein. Wir werden leider nie erfahren, ob sie tatsächlich geheiratet haben, denn wir wissen nur ihre Vornamen. Eigentlich schade.

Ursula Safar

Die Weinprobe

Gelegentlich trinke ich gerne mal ein Glas Wein. Meist geschieht das zum Ausklang eines besonders erfolgreichen oder denkwürdigen Tages. Dann kann es geschehen, dass ich mich mit einem Schmunzeln eines fröhlichen Erlebnisses vor vielen Jahren erinnere.

Als junge Leute verreisten wir gerne im Urlaub und mitunter auch in andere Länder. Unser erklärtes Lieblingsland für diese Zwecke war Bulgarien.
Hier fanden wir alles, was wir so sehr liebten: das warme Klima, Berge und Meer, eine üppige südländische Pflanzenwelt und vor allem fröhliche Menschen mit beispielhafter Gastfreundschaft.

Einmal hatten wir uns Varna am Schwarzen Meer als Urlaubsziel erwählt und die Stadt mit ihren imposanten Bauten, Parks und Plätzen kreuz und quer erforscht. Schließlich wendeten wir uns neugierig der näheren Umgebung zu.

Bei einem Spaziergang am Rande der Stadt bewunderten wir die schmucken kleinen Häuser mit den bemalten Fensterläden. Viele der meist nur einstöckigen Häuser waren längs der Straße durch mehr als zwei Meter hohe Mauern mit eingelassenen Toren miteinander verbunden. Auf den Mauerkronen standen größere Behältnisse, in denen Tomaten, Paprika und Früchte gediehen. Von oben herab rankten Weinreben mit verlockenden Trauben.

Im Urlaub und auf Reisen

Wir waren in ein Gespräch vertieft, als ich unwillkürlich nach einer dieser Trauben langte und sie abbrach. – Im nächsten Moment hörten wir hinter uns lautes Geschrei in der uns fremden Sprache. Erschrocken drehten wir uns um und erblickten einen älteren Mann, der heftig gestikulierend auf uns zu lief.

Oh je, ich hatte ihn bestohlen! Ich wollte ihm die Traube aushändigen, aber er schob meine Hand zurück. Mein Mann bot ihm Geld an, um den Schaden zu bezahlen. Der Alte nickte heftig mit dem Kopf und palaverte dabei weiter auf uns ein.

War es etwa nicht genug Geld? Mein Mann legte noch einen Schein dazu, dann noch einen.
Warum nahm der Mann das viele Geld nicht endlich? Die Traube war doch nicht aus Gold!

Stattdessen zog er uns an den Ärmeln und deutete immer wieder auf den Eingang zu seinem Gehöft: Wir sollten mitkommen!
Wollte er etwa die Polizei wegen einer lumpigen Weintraube holen? Wir versuchten, durch Gesten und Kopfschütteln klarzumachen, dass wir auf keinen Fall zum Mitgehen bereit wären.
Das aber schien ihn sogar zu erfreuen. Trotzdem drängte und schob er uns bis zum Tor. Wir verstanden die Welt nicht mehr und ergaben uns in unser Schicksal.

In dem gartenähnlichen Innenhof wies er uns durch Zeichen an, auf einer Bank Platz zu nehmen, wonach er wieder laut zu rufen begann.

Im Urlaub und auf Reisen

Nun erschienen aus dem Nachbarhaus, zu dem der Innenhof ebenfalls gehörte, zwei weitere Männer: der eine war etwa so alt wie unser „Gastgeber", der andere wesentlich jünger.

Als letzterer unsere ratlosen, ängstlichen Gesichter sah, brach er in ein schallendes Gelächter aus.
Nachdem er endlich wieder zu Atem gekommen war, erklärte er uns in recht gut verständlichem Deutsch die Situation: Zunächst hatten wir nicht bedacht, dass in Bulgarien das Kopfschütteln ein ‚Ja' bedeutet und das Nicken ‚Nein' heißt!

Außerdem bestehe kein Grund zur Besorgnis. Die beiden Alten waren Brüder, also der Vater und der Onkel des jungen Mannes. Sie lagen schon seit langem im Streit, wessen Weinsorte die bessere sei – und nun hatten wir endlich diesen Konflikt entschieden, indem wir uns von der „besseren" Sorte bedient hatten!

Als später noch andere Familienmitglieder dazukamen – auch Frauen und sogar Kinder – mussten wir noch manche Weinsorte probieren, vor allem in flüssiger Form.
Wir wussten, dass jede Zurückhaltung oder gar eine Weigerung die Gastfreundschaft dieser Leute stark beleidigt hätte. Außerdem schienen sie großen Wert auf unsere Einschätzung zu legen und wir wagten nicht, sie zu enttäuschen.

Wir „beurteilten" dann also diplomatisch eine Sorte etwa als angenehm fruchtig oder einen anderen Wein als pikant würzig und benutzten ähnliche Prädikate, die wir irgendwo einmal gehört hatten.

Im Urlaub und auf Reisen

Dank der reichlich aufgetischten Speisen überstanden wir die Prozedur fast unbeschadet und nur mit mäßigen Kopfschmerzen am nächsten Tag.

Was unser junger Dolmetscher seinen begeisterten Leuten übersetzte, konnten wir nicht ahnen und haben es auch nie erfahren.
An seinem schelmischen Lächeln erkannten wir allerdings, dass er uns durchschaut hatte, nämlich, dass wir von Weinsorten nicht das Geringste verstanden!

Im Urlaub und auf Reisen

Grażyna Werner

Föhr vor dem Sonnenabschied

Die Fensterscheiben
in Flammen,
Regenbögen hüpfen auf dem Wasser,
sanfte Meereswellen
massieren Füße.
Die Mondsichel füllt sich,
das Meer wird blau.
Mit jedem tiefen Zug
atme ich Salzluft.

Im Urlaub und auf Reisen

Ursula Safar

Gastfreundschaft

Es ist bereits mehr als vierzig Jahre her, dass unser Freund Marian aus Bielsko Biała in Polen uns einlud, unseren Urlaub in den Beskiden zu verbringen. Er holte uns mit einem ziemlich klapprigen Auto vom Bahnhof ab.

Vor seinem Wohnhaus in der Stadt hielten wir uns nicht lange auf, denn seine Frau wartete schon ungeduldig auf uns. Kaum, dass wir uns begrüßt hatten, verstaute sie eilig etliche zugedeckte Körbe sowie Pakete und Töpfe im Kofferraum des Wagens. Der Zweck sollte uns erst später klar werden.
Sie konnte uns leider nicht begleiten, da sie als Krankenschwester keinen Urlaub bekommen hatte.

So ging dann die Fahrt zu dritt weiter. Marian sprach sehr gut deutsch und wir unterhielten uns lebhaft. Er fuhr uns zunächst ein wenig durch die Gegend und erklärte uns die Sehenswürdigkeiten: „Dort links seht ihr die Burg ...", „Dieser Fluss heißt ..." , „Jetzt fahren wir durch Oświęcim ..." –

Mein Mann und ich sahen uns an und schwiegen betreten. Wir wussten, dass Marian Jude war und viele Mitglieder seiner Familie dort verloren hatte.
Er sah im Rückspiegel unsere blassen Gesichter, aber es gelang ihm durch seine fröhliche und charmante Art, uns bald wieder auf andere Gedanken zu bringen.

Im Urlaub und auf Reisen

Die Finnhütte an einem idyllischen See inmitten der dicht bewaldeten Berge war ein idealer Ort zum Entspannen. Hier fühlten wir uns wohl und genossen viele Tage lang die Stille und die Natur.
Marians Frau hatte mit reichlichem Proviant vorgesorgt, so dass es uns in dieser Abgeschiedenheit an nichts fehlte.

Aber irgendwann wollten wir auch wieder einmal etwas anderes sehen. Marian fuhr mit uns nach Krakau und war ein glänzender Fremdenführer.
Da ich mich unter anderem auch für folkloristisches Kunstgewerbe interessierte, zeigte er mir einschlägige Geschäfte. Dort hatte es mir besonders ein handgearbeiteter Ledergürtel und ein dazu passendes Täschchen angetan, aber der Preis dafür überstieg leider unser Budget.

Einmal wollten mein Mann und ich allein auf einen mäßig hohen Berg gleich hinter unserer Hütte klettern, um die von unten sichtbare Burgruine zu erkunden. Leider hatten wir beim Abstieg einen falschen Weg gewählt und wir verirrten uns hoffnungslos zwischen den hohen Tannen.

Es wurde schon dunkel, als wir endlich laute Rufe in der uns fremden Sprache hörten, auf die wir voller Hoffnung antworteten. Und dann sahen wir am Berghang überall Männer mit brennenden Laternen auf uns zu kommen.

Unser Freund hatte ein ganzes Goralendorf in der Nähe alarmiert, um nach uns suchen zu lassen. Doch statt mit uns zu schimpfen, wozu sie Grund genug gehabt hätten, luden die netten Leute uns zu einer fröhlichen Feier ein!

Im Urlaub und auf Reisen

Solch eine herrliche Zeit vergeht leider immer viel zu schnell. Endlich musste uns Marian wieder zum Bahnhof bringen. Er verabschiedete sich von mir mit dem dort üblichen Handkuss und umarmte uns.

Als wir in den Zug einstiegen, drückte er mir noch rasch ein Päckchen in die Hand. Erst während der Fahrt konnte ich es öffnen – es war jener von mir begehrte Gürtel mit dem Täschchen!

Ich habe vor Freude, aber auch aus Scham geweint, wusste ich doch, dass Marian und seine Frau nur wenig Geld hatten! Wer weiß, welches Opfer sie deshalb bringen mussten – doch die Gastfreundschaft hatte oberstes Gebot!

Als uns Marian später in Halle besuchte, taten wir alles, um es ihm mehrfach zu vergelten!

Brigitte Riedl

Urlaub am See

Der Himmel ist klar und weit, die Sonne brennt und das Wasser des Sees verströmt seinen eigenen Duft. Die Mittagszeit ist längst vorbei und der See lockt.

Also haben wir uns ein Motorboot ausgeliehen. Gut behütet und eingecremt schippern wir über das Wasser. Meine Tochter bedient das Steuer, ich habe mich auf die Rückbank gelümmelt und die Augen geschlossen. Ich neige zum Träumen und mir fallen auch sofort ein paar Verse ein:

> „Meine Gedanken verlieren sich
> in des Traumes Weiten.
> Ein kleiner Hauch von Einsamkeit,
> der See ist groß, der Himmel weit ..."

Kann man sich dabei überhaupt verlieren? Ich beginne es zu spüren. Mir liegt ein Lied auf den Lippen und ich möchte es singen.

Leider unterbrechen mich ein paar streitende Stimmen. Schade drum, doch ich hatte völlig vergessen, dass ich nicht allein im Boot sitze. Meine zwölfjährigen Zwillingsenkel beschweren sich, dass sie hier auf dem See kein Internet empfangen könnten und außerdem sei es 'sowas von langweilig'.
Ihre Mutter meint nur gleichmütig: „Ich bringe euch an Land. Macht, was ihr wollt, alt genug seid ihr."

Im Urlaub und auf Reisen

Am Ufer springen die Jungen aus dem Boot und trollen sich ohne ein weiteres Wort. Meine Tochter sieht mich fragend an und ich mache nur eine Kopfbewegung zur Mitte des Sees.
Dort draußen stellt sie den Motor ab, dann herrscht völlige Stille. Jeder hängt seinen Gedanken nach. Ich glaube, meine Tochter schläft sogar. Die Zeit wird zu einem kurzen Moment, der Moment zur Ewigkeit.

Plötzlich Schreie vom Ufer her: „Oma, Mama, wir haben Hunger! Es ist schon Abendbrotzeit!"
Ich schrecke hoch und will unwillkürlich auf meine Armbanduhr schauen. Doch ich habe keine um und ich habe sie auch den ganzen Tag nicht vermisst.

Im Urlaub und auf Reisen

Grażyna Werner

Hallig Hooge

Auf die Halligen war ich gespannt. Diese kleinen Inseln vor der Nordseeküste stehen bis zu vierzig mal im Jahr total oder teilweise unter Wasser, denn der Wasserspiegel kann sich bei Flut enorm erhöhen. Während die normale Tide etwa dreieinhalb Meter beträgt, erreichen die großen Fluten die doppelte und dreifache Höhe, manchmal auch mehr.

Die erste Station vor der Schifffahrt von Föhr zur Hallig Hooge war Wyk mit dem sonntäglichen Fischmarkt.
Eigentlich war es eine Art Krimskrams-Markt: Trödel, Kunstgewerbe, Lebensmittel aus der Region … Hier hausgemachte Marmelade, dort Modeschmuck, Babysachen, Andenken aller Art … Mariella und ich schauten uns die Verkaufsstände an, kauften ein paar Kleinigkeiten, liefen zur Promenade und aßen Fischbrötchen.

Die Überfahrt nach Hooge war entspannend und zum Träumen einladend. Wir saßen unter Deck, genossen Eiskaffee , plauderten.
Plötzlich sah ich ein Tier im Wasser schwimmen. Ein Hund, dachte ich zuerst, aber Mariella meinte, das sei eine Robbe. In der Tat: Es war die erste Robbe, die ich in ihrem natürlichen Lebensraum sah!

Auf Hooge angekommen, entschlossen wir uns für eine Rundfahrt mit dem Pferdewagen. Eine gute Idee, denn der Kutscher erklärte viel.

Im Urlaub und auf Reisen

Zum Abschluss saßen wir noch ein Stündchen im Garten einer Gaststätte. Wir hatten keinen großen Hunger, aber der frische, hausgemachte gemischte Salat war wirklich köstlich. Dazu trank ich einen Weißwein, während Mariella ein Bier bevorzugte.

Auf der Rückfahrt konnten wir Sandbänke mit Robben sehen – für viele Fahrgäste eine gute Gelegenheit, diese hübschen Tiere zu fotografieren. Auch uns gelangen einige schöne Schnappschüsse.

Die Robben schauten mit ihren großen schwarzen Augen zutraulich und ohne Scheu zu uns herüber. Niemals werde ich verstehen, wie Menschen an ihnen Grausamkeiten begehen können!
Zum Glück werden sie an unseren Küsten beschützt und dürfen in Ruhe leben.

Es war ein wunderschöner Tag, das Wetter hatte gut mitgespielt – der einzige Nachteil war: Bewegungsmangel.

Im Urlaub und auf Reisen

Ursula Safar

Eine wundersame Kraft

Mit einigem Stolz darf ich behaupten, dass ich während meiner Schulzeit unter den meisten anderen Kindern in meiner Klasse auffiel: Durch gute bis sehr Leistungen vor allem in den Fächern Mathematik und Deutsch – und durch meine totale Unsportlichkeit!

Im Laufen und Werfen konnte ich ja noch einigermaßen mithalten, doch wehe es kam ein Sportgerät ins Spiel! Reck, Barren, und Ringe waren mir feindlich gesinnt und an den Kletterstangen bewegte ich mich keinen Zentimeter aufwärts. Sollte ich höher als über eine gewöhnliche Fußbank springen, holte ich mir nur blaue Flecke.

Um die Sportstunden nicht auf meine Kosten zum Gaudi der Klasse werden zu lassen, rief mich unsere Lehrerin nur selten auf und ich war ihr sehr dankbar dafür.

Im sechsten Schuljahr hatten wir einmal wöchentlich das Hallenbad aufzusuchen, um schwimmen zu lernen. Hier unterrichtete uns ein nicht so nachsichtiger Schwimmlehrer und ich hatte von Mal zu Mal die Alternative, mich entweder durch eine Ausrede zu drücken – meist war es der angeblich vergessene Badeanzug – oder mich vor allen Zuschauern jämmerlich zu blamieren.

Das eine wie das andere hatte regelmäßig eine demütigende Missbilligung sowie eine schlechte Note zur Folge. Doch davon lernte ich das Schwimmen auch nicht und zählte bis zum Schluss zu den 'Nichtschwimmern'.

Im Urlaub und auf Reisen

Wenige Jahre später erhielten wir als Lehrlinge durch unsere Berufsschule die Möglichkeit, an einem Zeltlager teilzunehmen. Das war eine damals gebräuchliche und durchaus beliebte Art der Feriengestaltung. Ich freute mich auf diese Reise – doch musste es denn ausgerechnet an die Ostsee sein?!

Ich stellte mir vor, wie die anderen Mädchen mich verspotten würden, wenn ich nur wie ein kleines Kind am Ufer planschen musste. Deshalb nahm ich mir vor, zu gegebener Zeit angeblich ein Unwohlsein zu bekommen, das mir den Aufenthalt im Wasser nicht ermöglichen würde.

Wir erreichten unser Ferienziel nach anstrengender Bahnfahrt erst am späten Abend, wurden in unsere Zelte eingewiesen und waren viel zu müde, um noch etwas unternehmen zu wollen.

Im Gegensatz zu den meisten anderen Mädchen war ich noch nie am Meer gewesen und ich nahm bei unserer Ankunft einen mir unbekannten, aufregenden Duft wahr, der uns mit dem leichten Wind über eine Sanddüne erreichte.
Es roch angenehm würzig, etwa wie feuchtes Gras, dazu nach Frische und Reinheit. Ich beschloss, gleich am nächsten Morgen ohne die anderen die Herkunft des Duftes zu ergründen.

Dann stand ich auf der Düne. Vor mir glänzte eine endlos scheinende, grünblaue und in der empor steigenden Morgensonne hier und da silbrig aufblitzende Wasserfläche.

Im Urlaub und auf Reisen

Von ihr kam dieser aufregende Duft, der mit jeder weiß schäumenden Welle, die sich auf dem Sand brach, stärker zu mir getragen wurde.
So viel Schönheit hatte ich nicht erwartet und war derart überwältigt von diesem machtvollen Schauspiel, dass es mir beinahe den Atem nahm.

Langsam, fast ehrfürchtig näherte ich mich dem Rand des lockenden Wassers bis es meine Knöchel, dann meine Knie umspülte. Ich spürte den Rhythmus der Wellen und dann vertraute ich mich ihnen an und schwamm mit ihnen ein Stück hinaus.

Im Urlaub und auf Reisen

Brigitte Riedl

Diese Weite, diese Enttäuschung

Ich steh am Strand, die Wellen schweigen.
Die Möwen tanzen ihren Reigen.
Glatt und ruhig liegt das Meer,
als gäbe es in ihm kein Leben mehr.
Die Sonne lacht die Wolken fort,
es ist ein traumhaft schöner Ort.
Mit dem leisen Gleiten der Gezeiten
lass ich meine Gedanken treiben.
Weiß nicht mehr, was ich fühl und spür,
alles ruht ganz tief in mir.
Lass meinen Träumen ihren Lauf.
Schaue weit auf's Meer hinaus.

Über Nacht ist Sturm gekommen,
hat dem Meer die Ruh genommen.
Dort, wo ich versunken stand,
brechen Wellen sich am Strand.
Unter den Kiefern, geschützt in den Dünen,
hadere ich mit meinen Gefühlen.
Was ich gestern hab empfunden,
ist nun wirklich ganz verschwunden.
Das Meer zeigt sein böses Gesicht.
Meterhoch spritzt die Gischt.
Ich dreh mich um und geh zurück,
dem Meer gönne ich keinen Blick.
Das Leben spielt ein falsches Spiel,
nimmt keine Rücksicht auf's Gefühl.

Ursula Safar

Dinge zwischen Himmel und Erde

Auf meine Frage, ob ich in diesem Abteil des Zuges Platz nehmen dürfe, antwortete der ältere Herr am Fenster mit einem Lächeln und einer einladenden Geste, der jüngere nickte wortlos.
Ich setzte mich dem Älteren gegenüber, der sich gleich wieder in sein Buch vertiefte. Erstaunt bemerkte ich, dass der andere noch immer nickte, bis ich seine verkabelten Ohrstöpsel sah. Aha, er bewegte seinen Kopf also zum Rhythmus der Musik und hatte mich wahrscheinlich gar nicht gehört.

Ich schaute eine Weile zum Fenster hinaus, bis mich ein leises Schnarchen verwundert aufhorchen ließ. Auch mein Gegenüber blickte auf und wir mussten beide unwillkürlich lächeln: Der junge Mann war doch tatsächlich trotz der Beschallung eingeschlafen!

Jetzt sah ich mir auch den älteren Herrn und seine Lektüre etwas näher an und wagte daraufhin die Frage: „Verzeihen Sie bitte meine Neugier – sind Sie Geistlicher?" Der Mann war durchaus nicht befremdet, stellte sich mir als Bruder Markus vor und nannte mir auch seinen Orden und dessen Standort.

Das Buch von Anselm Grün, in dem er gelesen hatte, gab uns reichlich Gesprächsstoff und wir plauderten in des Wortes wahrer Bedeutung bald über Gott und die Welt.

Im Urlaub und auf Reisen

Ich bekannte, dass ich nicht gläubig war, doch meine Meinungen über Toleranz, Humanität, und Nächstenliebe interessierten ihn und sie deckten sich zum größten Teil mit seinen Ansichten.
Wir unterhielten uns auch über profane Themen wie Kunst, Schulbildung, Kriminalität und anderes und konnten häufig Übereinstimmung feststellen.

Wie schnell können zweieinhalb Stunden Zugfahrt vergehen! Am Zielbahnhof verabschiedete ich mich von einem neuen Freund und seinen Segenswunsch: „Seien Sie behütet – Sie ungläubige Christin!" nahm ich mit einem dankbaren Gefühl an.

Im Urlaub und auf Reisen

Ursula Safar

Herr F. kennt sich aus

Er sagt, er wäre in Japan gewesen
und auch schon im fernen Land der Chinesen.
In Afrikas Urwald hat er sich gewagt
und den Inuit hat er 'Grüß Gott' gesagt.
Im Amazonas ist er geschwommen
und dabei knapp den Piranhas entkommen.
Die Freiheitsstatue hat er erstiegen,
sah Amerika zu seinen Füßen liegen.
Australien und Kap Hoorn sind ihm bekannt.
In Madagaskar lag er am Strand ...

Ach, verzeih'n Sie, Herr F., dass ich neugierig bin:
An welchem Fluss liegt unsre Hauptstadt Berlin? –
Sie schweigen?

Unsinn, Spaß und Fantasie

Brigitte Riedl

So allerlei Blödsinn

Was wäre, wenn der Mond vom Himmel
eines Tages runterfällt?

Was wäre, wenn nur noch mit Kümmel
gewürzt würde auf der Welt?

Kümmel in den Sahnetorten.
Kümmel auch in Bier und Wein.
Kümmel von verschied'nen Sorten –

Kümmel, Kümmel, Kümmeleien!

Unsinn, Spaß und Fantasie

Brigitte Riedl

Übermut tut selten gut

Es war so wie jedes Jahr-
fröhlich trilliert der Vöglein Schar
und fliegt wie immer, putz und munter,
die Bäume rauf, die Bäume runter.

Der graue Uhu, alt und weise,
spricht zu ihnen noch ganz leise:
„Sucht euch einen sicheren Platz
und macht Schluß mit eurer Hatz.
Denn so langsam kommt die Nacht,
ich halte derweil für euch die Wacht."

Doch die Vöglein hörten nicht,
was der weise Uhu spricht.
Deshalb er noch lauter sprach:
„Setzt euch, es kommt Ungemach.
Sturm und Regen wird es geben,
ihr werdet es nicht überleben."

Die Vöglein wußten's besser – klar!
Es war halt so wie jedes Jahr.
Sie setzten sich, ganz ohne Hast,
einfach so auf einen Ast.

Laßt doch den alten Uhu unken,
den Frohsinn hat er nicht erfunden,
dachte sich der Vöglein Schar -
Es war halt so wie jedes Jahr.

Unsinn, Spaß und Fantasie

Dann kam der Sturm -- es war kein Traum --
und alle Vöglein fielen vom Baum.
Die Füchse ließen sie sich schmecken,
denn nur zu oft taten diese sie necken.
Die Vöglein waren nun nicht mehr da.
Es war halt so wie jedes Jahr.

Der Uhu macht die Augen zu:
"Selber Schuld, schuhu, schuhu."

Unsinn, Spaß und Fantasie

Ursula Safar

Ein ganz gewöhnliches Märchen

Die Mama ist müde und hat sich für ein 'Viertelstündchen' auf die Couch gelegt. Vorher hatte sie noch Toni, ihrem 'Großen', aufgetragen: „Lies den beiden Kleinen etwas vor, damit sie still sind." Der neunjährige Toni verzog sein Gesicht wie immer, wenn er auf die nervigen, vier Jahre jüngeren Zwillinge Mandy und Andy aufpassen soll.

Eigentlich wollte er auf dem Computer seines Vater mal das neue 3-D-Spieleprogramm probieren, bei dem sich die Eltern immer vergnügten. Das Passwort hatte er heimlich ausgespäht. „Da wird man in das Geschehen einbezogen", hatten ihm die Klassenkameraden erzählt und auch berichtet, wie das geht, mit 3D-Brille und so – also kein Problem für ihn.

Da kommt ihm eine Idee: „Ich spiele ein Märchen und setze die beiden Minis mit dazu."
Mandy zeigt auf den hell werdenden Monitor. „Schon wieder die drei Hasen-Nüsse?" piepst sie. „Pst!", macht Andy und legt den Finger an den Mund. Toni knurrt ärgerlich, sagt aber nichts.

Dann geht es los. Also: Da ist in einem Königreich ein kleiner Prinz geboren worden. Er liegt in einem himmelblauen Himmelbett, um ihn herum stehen so etwa fünf oder acht Kinderfrauen in langen himmelblauen Kleidern mit schneeweißen Schürzen und schneeweißen Hauben auf dem Kopf.

Unsinn, Spaß und Fantasie

Sie kriegen sich gar nicht ein vor Freude, säuseln immer wieder: „Wie süüüß! Welch goldige kleine Hoheit!" und die Hochwohlgeborene Mama platzt beinahe vor Stolz.

Eine der Frauen winkt die drei Kinder heran. Auf Zehenspitzen nähern sie sich dem himmelblauen Himmelbett. „Wie süüüß!", piepst Mandy nun auch. – „Pst!", macht Andy und legt den Finger an den Mund. Toni zuckt nur mit den Schultern, sagt aber nichts.
In dem himmelblauen Himmelbett liegt ein ganz normales Baby, ein bisschen rot im Gesicht und mit ganz wenig Haaren. Es fuchtelt mit den Fäustchen durch die Luft.

Plötzlich verzieht das Hoheitliche Prinzchen das Gesicht und dann fängt es fürchterlich zu brüllen an. Die Hochwohlgeborene Mama hält sich die Ohren zu und schwebt davon. Eine von den Kinderfrauen hebt den Schreihals hoch und legt ihn auf den Tisch. Die zweite Kinderfrau wickelt ihn aus, eine dritte hält die neue Windel bereit, die vierte …
Die Kinder halten sich die Nasen zu. „Puh!" piepst Mandy. „Pst!", macht Andy und legt den Finger an den Mund. Toni zieht die Nase kraus, sagt aber nichts.

Endlich liegt der Hoheitliche Prinz – oder die Prinzliche Hoheit? – wieder in seinem himmelblauen Himmelbett, aber er brüllt schon wieder. Da kommt eine dicke Amme herein – im Märchen sind alle Ammen dick – und gibt dem Kind die Brust.
„Ach, dafür gibt es Ammen?", piepst Mandy. „Pst!", macht Andy und legt den Finger an den Mund. Toni weiß sogar noch mehr, sagt aber nichts.

Unsinn, Spaß und Fantasie

Im Märchen wächst so ein Prinz rasend schnell heran – kaum ist eine Seite umgeblättert, ist er schon in der Pubertät. Vom Sehr Hochwohlgeborenen Papa lernt er nun Reiten, Fechten, Bogenschießen und andere lebenswichtige Dinge, bloß in die Schule scheint er nicht zu gehen. Jedenfalls schenkt ihm niemand einen Ranzen, dafür aber einen schneeweißen Schimmel.
„Warum keinen schwarzen Schimmel?" piepst Mandy.
„Pst!",macht Andy und legt den Finger an den Mund. Toni denkt: „Dumme Frage!", sagt aber nichts.

Und schon ist der Prinz richtig erwachsen, also – fast! Er hat weder Frau, noch Verlobte, noch Freundin. Im Bordell soll man ihn aber schon gesehen haben, denn er hat zum 18. Geburtstag eine Flatrate geschenkt bekommen, von der Eigentümerin des Etablissements in eindeutigem Outfit höchstpersönlich überbracht.
„Wer ist die Frau?" piepst Mandy. „Pst!", macht Andy und legt den Finger an den Mund. Toni feixt, sagt aber nichts.

Der Sehr Hochwohlgeborene Papa wird alt, möchte bald abdanken und wir langsam ungeduldig – alleine kann ein Mann schließlich nicht regieren! Dazu braucht man unbedingt eine Frau, denn angeblich sollen ja Frauen die besseren Diplomaten sein.
Doch edle und keusche Prinzessinnen sind rar geworden in der digitalen Welt, in der sich die Sehr Hochwohlgeborenen Eltern kaum noch zurechtfinden.

Also wird geparshipt. Die Resonanz ist überwältigend: Alle aktuellen und ehemaligen Schönheits- und Dschungelköniginnen wollen „Ihre Hoheit" werden.

Unsinn, Spaß und Fantasie

Doch der Prinz ist nicht sehr beeindruckt. Immer wieder schüttelt er den Kopf. Endlich entdeckt er das für seine Vorstellung passende Angebot. Gebildete, junge, sehr gut aussehende jungfräuliche Nichtraucherin, finanziell unabhängig, mit eigener Villa direkt am Naturschutzgebiet gelegen. Allerdings etwas weit entfernt, hinter mindestens drei hohen, steilen Bergen.
„Ist die schön", piepst Mandy. „Pst!", macht Andy und legt den Finger an den Mund. Toni grinst nur, sagte aber nichts.

„Die Entfernung ist kein Problem", denkt der Prinz, „habe ja den schneeweißen Schimmel." Aber so eine lange Strecke sind weder er noch das edle Tier jemals geritten. Trotzdem schwingt sich der Prinz auf seinen schneeweißen Schimmel und blickt noch einmal wehmütig zurück zum Schloss, wo ihm seine Hochwohlgeborene Mama aus dem Fenster der Kemenate mit einem schneeweißen Laken nachwinkt. Toni und die Zwillinge bekommen Maultiere, klein, bescheiden aber ausdauernd.

Bevor es richtig losgeht, tippt Mandy dem Reiter an den blank gewichsten Nike-Stiefel. „Wie heißt du eigentlich?", piepst Mandy. „Pst!", macht Andy und legt den Finger an den Mund. Toni, der schon den ersten Band von Harry Potter gelesen hat, überlegt nicht lange und sagt: „Harry. Er heißt Prinz Harry." –
Hä? Gibt es da nicht schon irgendwo …? – Ach, egal, dann gibt es eben noch einen.

Jetzt reitet Prinz Harry endlich los. Er kann sich nicht verirren, denn er besitzt ein Pferde-Navi. Das leitet ihn über einen hohen, steilen Berg.

Unsinn, Spaß und Fantasie

Dann über den nächsten hohen, steilen Berg. Und über den nächsten hohen, steilen Berg ... Prinz Harry wird ungeduldig. Doch die Stimme im Navi leiert immer wieder: „Folgen Sie dem Waldweg, folgen Sie dem Waldweg, folgen Sie...".

Endlich kommt er an einen dichten und unheimlich finsteren Wald. Aber der Prinz muss sich gar nicht durch das Gestrüpp wühlen – dabei würde er ja seine schönen Marken-Klamotten und die blonden Locken samt goldener Krone ramponieren!
Nein, muss er nicht. Denn die Navi-Dame meldet: „Sie haben Ihr Ziel erreicht." „Das kann doch nicht wahr sein", wundert sich Prinz Harry.

Am Waldrand duckt sich eine alte, halb zerfallene Hütte und in der wohnt – na, wer schon – eine Hexe. Der einzige Lichtblick ist eine Satellitenschüssel auf dem Dach.
„Huh!", piepst Mandy. „Pst!", macht Andy und legt den Finger an den Mund. Toni hat es vorausgesehen, sagt aber nichts.

Prinz Harry steigt etwas steifbeinig von seinem schneeweißen Schimmel und geht zu der Alten. Nicht etwa, weil die ihm gefällt – Hexen haben immer potthässlich zu sein – sondern er hat einfach Durst.
Weil er immer nur an das schönes Mädchen und ans Heiraten gedacht hatte, hat er natürlich seinen Hamburger und die Cola zu Hause vergessen – typisch Mann!
Und an Mac-Donalds waren sie auf dem Weg auch nicht vorbei gekommen.

Unsinn, Spaß und Fantasie

Die Alte ruft jetzt ihre heiratswillige Magd und der Prinz bekommt den nächsten Schock: „Die ist ja noch dreimal grottenhässlicher! Kein Wunder, dass die noch Jungfrau ist!" Das Ungeheuer reicht ihm einen Krug Wasser.
Erschaudernd schaut der Prinz dem Monster in die Augen, die ihn irgendwie an ein himmelblaues Himmelbett erinnern, und er sieht – ja, was sieht er eigentlich? Da hilft ihm Toni aus der Patsche: Er flüstert dem Prinzen etwas ins Ohr. Der bleibt aber misstrauisch.

Da macht es ihm Toni vor und küsst das Monster. Im selben Moment macht es Rums-knall-bums und vor Toni steht – wer hätte das gedacht! – eine liebreizende Prinzessin, die nämlich bis jetzt von der Hexe verwunschen war, weil sie sich bei Parship angemeldet hatte. Und die Prinzessin wirft sich Toni an den Hals.
„Wie schön!", piepst Mandy. „Pst!", macht Andy und legt den Finger an den Mund. Toni guckt ganz erschrocken, sagt aber nichts.

Prinz Harry ist arg verärgert und nimmt allen Mut zusammen. Er küsst probehalber die alte Hexe. Rums-knall-bums, vor dem Prinzen sitzt eine fette, hässliche Kröte. Doch nun erkennt die wunderhübsche Prinzessin, wer der wahre Prinz ist, und sie wirft sich ihm an den Hals – so sind die Frauen.
„Wie schade!", piepst Mandy. „Pst!", macht Andy und legt den Finger an den Mund. Toni ist jetzt leicht sauer, sagt aber nichts.
Er bleibt cool und macht sich nichts draus. Wie hätte er auch seiner Mama erklären sollen, dass er eine so viel ältere Freundin hat?

Da beginnt die Kröte laut zu unken. Die Prinzessin nimmt sie und knallt sie gegen die Hütte. Es macht Rums-knall-bums, die Hütte fällt ein und verwandelt sich in eine standesgemäße, schneeweiße Luxuslimousine.

Der Prinz trägt die holde Maid auf den Beifahrersitz und schon braust er ohne ein Wort des Dankes an die Kinder zurück: Über einen hohen, steilen Berg, über den nächsten hohen, steilen Berg und über den nächsten hohen, steilen Berg nach Hause zu den Hochwohlgeborenen und Sehr Hochwohlgeborenen Eltern. So sind sie eben, die Hoheitlichen.

„Blöder Prinz!", piepst Mandy. „Pst!", macht Andy und legt den Finger an den Mund. Toni guckt dem Paar verdutzt hinterher, sagt aber nichts.
Die Zwillinge wollen gar zu gern noch einmal in das Schloss, doch bevor sie das Tor erreichen, brummt der Computer: "Game over".

Mandy beschließt, sich gleich morgen im Kindergarten von dem blondgelockten Hansi küssen zu lassen – man kann ja nie wissen! Andy macht nachdenklich „Hmm!" und legt den Finger an den Mund. Und Toni geht Mama wecken, er muss zum Fußballtraining.

Unsinn, Spaß und Fantasie

Grażyna Werner

Sechs Limericks

Zwei Touristen aus Korea
kauften Lotion mit Urea
im Sonderangebot
und waren danach tot.
Davon erzählte mir Lea.

Ein Elefant aus Indonesien
trug an seinen Ohren Freesien.
Es kamen viele Falter
und sagten zu ihm: Walter,
geh doch lieber nach Tunesien.

Das Nashorn Norbert aus Nairobi
träumte von der Insel Gobi.
An einem schönen Tag im Mai
flog es in die Mongolei,
denn Reisen war sein Hobby.

Ein Mann kam mal nach Südtirol
und suchte dort nach Karneol.
Über seine Mühe
lachten alle Kühe
und fragten sich, was das denn soll.

Unsinn, Spaß und Fantasie

Ein junger Mann aus Budapest
setzte sich ins Wespennest.
Als er wollte flüchten,
gelang ihm das mitnichten.
Dort sitzt er noch bis heute fest.

Ein Forscher am Okawango
tanzt mit der Freundin Tango
ohne Musik.
Sie sagt: Nick,
ich hab Appetit auf 'ne Mango.

Unsinn, Spaß und Fantasie

Brigitte Riedl

Die kleinen bunten Männchen

Ein Korn, ein Bier, ein Bier ein Korn …
das Ganze noch einmal von vorn …
Dass es zu viel war, keine Fragen!
Er merkte es an 'klaren' Tagen.
Bald fehlte ihm die Übersicht,
doch Rettung, die war nicht in Sicht.

Als eines Tag's er völlig down,
ein grünes Männchen sah im Raum.
Das tat im Sessel erst verweilen,
dann wollt das Bett es mit ihm teilen!
„He, geh mir doch aus dem Gesicht –
grüne Männchen gibt es nicht!"

Rasch trank er noch ein Korn, ein Bier –
darauf sah er der Männchen vier!
Eins grün, eins gelb, in rot und blau:
er sah sie alle ganz genau!
Sie sah'n ihn hämisch grinsend an:
„Trink jetzt mit uns, komm, sei ein Mann!"

Er holte alle Flaschen vor,
die Männchen grölten bald im Chor.
Er brüllte: „Macht die Mäuler zu,
und lasst mir auch mein Bier in Ruh!"
„Wie du es willst, dann eben Korn!" –
Und es begann wieder von vorn.

Er dachte: „Was hab ich gemacht?",
fiel hin und um ihn ward es Nacht.
Endlich schlug er die Augen auf:
Die Männchen lagen da zu Hauf!
Und viele Flaschen – alle leer –
die lagen da rings um sie her.

Fort aus dem Haus! Er lief ohne Rast,
hat wochenlang kein Bier angefasst,
auch keinen Korn! Dann ging er zurück:
„Gewiss sind sie fort und ich habe Glück!"
Sie waren noch da, feierten Feste
und viele Männchen waren Gäste!

Da trank er Bier, da trank er Korn –
alles begann wieder von vorn!
Ist selbst jetzt ein Bunter, tanzt und lacht:
Das hat der Alkohol gemacht!

Unsinn, Spaß und Fantasie

Ursula Safar

Moderne Sprache

Als ich kürzlich eine ehemalige Kollegin besuchte, lernte ich dort auch deren Tochter und den etwa sechsjährigen Enkelsohn kennen, der kurz vor seiner Einschulung stand.
Beide waren eben aus einem Urlaub auf Mallorca zurückgekehrt und berichteten nun begeistert. „Eh Oma, der Pool war voll krass und nebenan war 'ne supi Disko, die hat geile Töne gerockt!", erzählte der Junge.

Erschrocken über diese Ausdrucksweise schaute ich die beiden Frauen an, aber der jungen Mutti schien diese Sprache geläufig zu sein und meine Kollegin strahlte vor Stolz über ihren Liebling.

In dieser Art ging die Unterhaltung der drei noch einige Zeit weiter, dann verabschiedeten sich Mutter und Sohn, die nur mal 'auf einen Sprung' vorbeigekommen waren, um sich zurück zu melden.
Als ich mit meiner Kollegin dann allein war, wagte ich meine Bedenken zu äußern: „Wenn der Junge in die Schule geht, wird er dort sicher nicht so reden dürfen. Achtet ihr denn nicht auf seine Sprache?"

Na, da hatte ich aber ins Fettnäpfchen getreten! Die Kollegin, nur wenige Jahre jünger als ich, fauchte mich an: „Du bist wieder mal so was von altmodisch! Man muss doch mit der Jugend mitgehen – die sprechen heute alle so! Stell dich endlich mal auf die moderne Zeit ein!" Ich lenkte das Gespräch dann auf ein anderes Thema.

Unsinn, Spaß und Fantasie

Wieder zu Hause, hatte ich eine Vision: Es ist zehn Jahre später – ich lebe noch und befinde mich bei bester Gesundheit – da stehe ich vor einem Schalter in meiner Bank und möchte mich von dem jungen Mann dahinter beraten lassen, wo und wie ich mein erspartes Geld anlegen könnte.

Der Bankangestellte, der die heutige Schule absolviert hat, freut sich. Er beugt sich zu mir herüber und sagt mit verschwörerischer Miene:
„Ey, Alde, hast es geschnallt, ja? Bist'n mega Expressschecker. Hab da 'ne urst coole Sache laufen. Da kannste granatenmäßig Cash machen, ey. Null Risiko. – Nu drück schon mal die Peanuts ab, ey. Wenn du Bock hast, machen wir 'ne hammervolle Abzocke draus. – Nee, ohne Scheiß. –
Also wie jetzt: Schaufelst du die Knete rüber oder muss ich dich erst zutexten? – – Ey, mach jetzt nicht den Abpfiff! Das ist uncool! – – Fucking! Nu ist die Alde weg, lässt mich erst labern und dann hab ich die Arschkarte und bin angepisst."

Erschrocken fuhr ich auf und war froh, dass mein Tagtraum nicht der Wahrheit entsprach. So etwas kann und wird es zum Glück nie geben!
Oder doch? –
Das wäre aber übelst und echt ätzend!

Unsinn, Spaß und Fantasie

Brigitte Riedl / Ursula Safar

**Such dir ein Sprichwort aus –
mach was Gescheites draus**

Wie man in den Wald hineinruft, so schläft man.
Wie man sich bettet, so schallt es heraus.

    In der Nacht sind alle Lügen grau.
    Katzen haben kurze Beine.

Wer andren eine Grube gräbt, sollte nicht mit Steinen werfen.
Wer im Glashaus sitzt, fällt selbst hinein.

    Der frühe Vogel gibt keinen Sturm.
    Windstille fängt den Wurm.

Allen Menschen recht getan ist Müßiggang.
Aller Laster Anfang ist eine Kunst, die niemand kann.

    Morgenstunde darf niemand verwehren.
    Ein Kuss in Ehren hat Gold im Munde.

Wer nichts Gutes tut, der rostet.
Wer rastet, tut Böses schon genug.

Unsinn, Spaß und Fantasie

Der Regen von gestern macht mich nicht heiß.

Was ich nicht weiß, macht nicht nass.

Pack schlägt sich heute im Putz.

Pack verträgt sich morgen im Schmutz.

    Schönheit vergeht, wenn man den Teufel nennt.

    Doof bleibt doof, dann kommt er gerennt.

Was du heute kannst besorgen,
das füge auch keinem andren zu.

    Was du nicht willst, das man dir tu,
    das verschiebe nicht auf morgen.

Doppelt genäht hat nie gereut.

Jung gefreit hält besser.

    Aller Anfang hat keine Taschen.

    Das letzte Hemd ist schwer.

Wer nicht wagt, dem glaubt man nicht.

Wer einmal lügt, der nicht gewinnt.

    Hochmut kommt selten allein

    Ein Unglück kommt vor dem Fall.

Unsinn, Spaß und Fantasie

Wenn zwei sich streiten, erkennt man den Narren.

Am vielen Lachen freut sich der Dritte.

    Ohne Fleiß kein Feuer,

    Kein Preis ist ohne Rauch.

Aus einem traurigen Hintern kommt Salz und Brot.

Kein fröhlicher Furz macht Wangen rot.

Und außerdem:

    Einem geschenktem Gaul,
    schaut man nicht ins Maul.
    Einem geschenkten Barsch
    auch nicht.

    Was Hänschen nicht lernt,
    bringt ihm Gretchen schon noch bei.

Und zum Schluss ein Sprichwort als guten Rat:

    Wer keinen Spaß kann verstehn,
    der sollt nicht unter Leute gehn!

Brigitte Riedl

Auf Wolke 8

Er raste über die Autobahn. Dass er zu schnell fuhr, wusste er. Es gab ihm den Kick, er liebte die Raserei: Den Blinker gesetzt, gefährlich nah auf den Vordermann aufgefahren und schon war die Spur vor ihm frei.

Er hatte sich wie immer großartig gefühlt, er, der Ritter der Autobahn! Mal schnell ein Auto rechts überholt, dessen Fahrer erschreckt abbremste und ihm einen Vogel zeigte. Na und? Er würde dieses Auto nie wiedersehen. Davon war er überzeugt.
Den kleinen Stoß von der Seite und das leichte Schleudern darauf nahm er noch wahr. 'Eine Windboe', dachte er.
Dann dachte er lange nichts mehr.

Geweckt wurde er von Kinderstimmen, die irgendetwas von einer 'Wolke acht' sangen. 'Was ist das?', dachte er. 'Ein neuer Fernsehsender?' Er öffnete vorsichtig die Augen und schloss sie sofort geblendet wieder. Wo war er?

Eine strenge Stimme befahl: „He, du da! Du Raser, steh auf und komm her, aber ein bisschen dalli!"
Er versuchte verzweifelt, sich aus der klebrigen weichen Masse, auf der er lag, zu erheben. „Was ist das für ein Mistzeug – äks! – klebrig und weich wie Zuckerwatte ist dieser Sch… hier! Das habe ich nicht verdient! Was kann ich dafür, wenn andere so langsame Autos haben und keine Ahnung vom Fahren? Die sind doch selber Schuld, die muss ich doch überholen!"

Unsinn, Spaß und Fantasie

„Das ist eine Wolke", belehrte ihn die Stimme kühl. „Und wenn du weiter solche Kraftausdrücke gebrauchst und dich auch noch über andre Leute stellst, lass ich sie abregnen. Du bist dann schneller wieder auf der Erde, als dir lieb sein kann!" Die Kinderstimmen kicherten und er wurde noch wütender.

Endlich stand er. Er wackelte auf der weichen Masse zwar hin und her, aber er stand. „Wo bin ich?" Er sah sich erstaunt um. Überall waren diese weichen Wolken, ein paar Kinder, die alberne Engelskostüme anhatten und ein mürrischer alter Mann mit langem weißen Bart. Das konnte ja heiter werden!

„Wir sind die oberste Autobahnpolizei, Spezialgebiet Raserei. Wir helfen unseren Kollegen auf der Erde, die nicht alles schaffen können, weil es leider zu viele von deiner Sorte gibt. Wir ziehen Raser wie dich aus dem Verkehr und disziplinieren sie", erklärte der alte Mann. „Du wirst der Putzkolonne zugeteilt, bis du einsichtig geworden bist."

Wochenlang musste er Sterne putzen, den Himmel fegen, Wolken waschen, bis sie schneeweiß waren, und die Sonne anheizen. „Tolles Sommerwetter in diesem Jahr!", freuten sich die Leute auf der Erde. Sie sahen dankbar zum Himmel hinauf und ließen es sich gut gehen.

Der alte Mann strahlte über das Lob, als hätte er etwas dazu getan. „Dabei war ich es!", dachte der Raser wütend. „Ich habe gerackert, geschwitzt, bin bald verdurstet, kaum zum Schlafen gekommen und der Alte streicht das Lob ein!"

Unsinn, Spaß und Fantasie

Der Winter kam und er musste die Betten der gesamten Mannschaft aufschütteln. Es schneite jeden Tag und Frau Holle wurde arbeitslos. Die Menschen auf der Erde freuten sich über den Schnee und der alte Mann barst fast vor Stolz. „Ich kann nicht mehr, ich will nach Hause", bettelte der Raser, doch der Alte wollte nichts dergleichen hören.

Da ging der Autofahrer zu Frau Holle, die ein paar Wolken weiter wohnte, und bat sie um Hilfe. Die Frau war froh, die Konkurrenz los zu werden, wickelte den Mann in ihre Bettdecke und schüttelte ihn mit aus.
Er landete weich in einer Schneewehe direkt vor seinem Haus. Bis zum Frühjahr blieb er standhaft und fuhr vorschriftsmäßig. Dann raste er wieder über die Autobahn!

Unsinn, Spaß und Fantasie

Ursula Safar

Die Ansichtskarte

Wir senden allen viele Grüße
von unserer schönen Urlaubsrüse!

Wir sind hier gut angekommen
und wir waren auch schon schwommen
im blauen Meer, das glatt und still.
Der Strand aber ist übervill
von Leuten, Sand und Möwen –
man sollt es gar nicht glöben!

Die Schulzens haben wir getroffen,
sie kamen gerade angeloffen.
Auch Schmidts und Meiers sind schon hier
mit ihrer ganzen Kinderschier,
die uns keine Ruhe lassen! –
Ringsum nur bekannte Frassen!

Im nächsten Jahr – das wär das Beste –
urlauben wir tief in der Weste!

Unsinn, Spaß und Fantasie

Brigitte Riedl

Des Lasters Ende
oder
Deliriums Anfang

Nie mehr saufen, nie mehr rauchen!
Bin zu nichts mehr zu gebrauchen!

Was mache ich nur in der Zeit,
die ohne Laster übrig bleibt?

„Ausgleich schaffen!" Leicht gesagt:
Soll ich stricken jeden Tag?

Oder stieren vor mich hin,
bis ich in der Klapse bin?

Sehr viel Auswahl hab ich nicht,
schreib ich eben ein Gedicht:

Ein Rehlein wandert durch den Tann,
es nähert sich der Jägersmann.
Der zielt über Kimm' und Korn
und trifft das Reh genau von vorn.
Das Reh sinkt leis ins grüne Moos.
Mehr ist heut im Wald nicht los.

Liebe ist Lust und Leid

Brigitte Riedl

Hoffnung, Glaube, Sehnsucht

Hoffnung, Glaube, Sehnsucht,
sie alle geh'n zuletzt,
wenn dich unter Tränen
der schönste Traum verlässt.

Ich sah in deine Augen,
sah, wie die Welt sich dreht.
Ich wollte an uns glauben,
doch es war zu spät.

Du hast dich abgewendet,
warst längst schon fortgegangen.
Ich hab dich angesehen,
im Schrecken noch gefangen.

Du sagtest nur drei Worte,
die Worte wogen schwer.
Ich wollte sie nicht hören,
ich liebte dich zu sehr.

Sie werden nie verklingen,
ich werd' sie niemals los.
Sie sind so schwer wie Steine,
so schwer und riesengroß.

Brigitte Riedl

Wie ist die Liebe?

„Wie ist sie, die Liebe?",
hast du mich gefragt.
Wir kannten uns gerade erst Stunden.

Die Liebe? Ich weiß nicht,
hab ich dir gesagt.
Ich hab sie bisher nicht gefunden.

Du schautest mich an,
den Kopf leicht geneigt,
als wolltest du es mir nicht glauben.

Und das, was dein Mund
mir noch nicht gesagt,
das las ich in deinen Augen.

Brigitte Riedl

Pfingstrosen und Lilien

Ein heißer Tag im Mai, die Straßenbahn voll, die Luft stickig. Ich war froh, dass ich noch einen Sitzplatz fand.
Der ältere Herr mir gegenüber zog höflich seine Beine zurück. Ich dankte ihm und setzte mich. Heimlich beobachtete ich ihn. Er sah gut aus: Das silbrig glänzende Haar war ordentlich gekämmt, der obere Knopf am Hemd geöffnet, die Hose mit Bügelfalten. Er ist bestimmt ein Professor oder Doktor, dachte ich.

Dann wandte ich meinen Blick ab, sah aus dem Fenster oder musterte die anderen Leute bis ich bemerkte, dass er mich intensiv ansah. Ich erwiderte seinen Blick. Was wollte er?
„Entschuldigen Sie bitte, ich will nicht aufdringlich sein, aber – welche Blumen gefallen Ihnen?", fragte er mich und lächelte schüchtern. Die Frau neben mir schaute ihn verdutzt an, dann blickte sie zu mir. „Warum wollen Sie das wissen?", fragte ich ihn überrascht.

„Sie haben große Ähnlichkeit mit meiner Freundin (er sagte tatsächlich Freundin) und ich möchte ihr nachher Blumen schenken. Wir kennen uns noch nicht lange, aber ich möchte ihr eine Freude machen. Wir treffen uns gleich und Sie ähneln ihr sehr," sagte er etwas verlegen.

„Pfingstrosen und Schwertlilien gefallen mir", antwortete ich ihm freundlich.

Liebe ist Lust und Leid

Die Frau neben mir schaute wieder aus dem Fenster und der junge Mann, der auch bei uns saß, nickte. „Das geht immer, die blühen ja auch gerade."
Der ältere Herr wirkte erleichtert. „ Danke, Sie haben mir sehr geholfen."

Auf dem Markt stieg er vor mir aus und schloss seine wartende Freundin in die Arme.
Ich stutzte: Sie sah mir kein bisschen ähnlich. Als ich an ihnen vorbei ging, lächelte er mich kurz wie entschuldigend an.
Und endlich begriff ich: Er hatte bestimmt noch nicht oft Frauen Blumen geschenkt und er hatte nur einen Rat gebraucht.
Ich drehte mich noch einmal um. Sie standen beide am Blumenstand und lachten.

Brigitte Riedl

Die Berührung deiner Hände

Die Berührung deiner Hände,
angenehm und doch so fremd.
Langsam fang ich an zu fühlen,
wie ein Feuer in mir brennt.

Die Berührung deiner Hände
wird mir immer mehr bewusst.
Sie streichelt meine Seele leise
und zärtlich wie ein erster Kuss.

Die Berührung deiner Hände
brennt sich ein in meine Haut
und mein Herz, es steht in Flammen,
langsam wird sie mir vertraut.

Die Berührung deiner Hände –
ich spür' sie nicht, ich sehne mich.
Es ist vorbei, eh es begonnen.
Doch meine Tränen zeig ich nicht.

Liebe ist Lust und Leid

Brigitte Riedl

Wolken schieben

Der Tag war grau und verhangen.
Wir hatten das Licht eingefangen.
Die Sonne schien nur für uns zwei.

Wo ist das Gefühl geblieben,
als könnten wir Wolken schieben?
Der Traum ist vorbei.

Wir haben ihn nicht halten können,
weil andere ihn uns nicht gönnen.
Wir waren nicht frei.

Die Vernunft war der Sieger
und wir die Verlierer.
Für immer vorbei.

Liebe ist Lust und Leid

Ursula Safar

Das muss Liebe sein

An diesem heißen Sommertag war es in der aufgeheizten Wohnung kaum auszuhalten. Es zog mich wie viele andere Leute unter die schattigen Bäume am kühlenden Flussufer. Entlang der Promenade gibt es zwei oder drei Gartenlokale, in denen man sich mit Getränken erfrischen kann.

Also stand ich irgendwann in der langen Warteschlange vor dem Selbstbedienungstresen in einem dieser überfüllten Lokale. Zwei Plätze vor mir hatte sich ein junger Mann eingereiht, fast ein Teenager noch.
Er verhielt sich ausgesprochen geduldig und höflich, sammelte das Kleingeld für den älteren Herrn auf, das diesem herunter gefallen war, und tröstete ein kleines Mädchen, das weinend nach einem Eis bettelte.

Endlich wurde auch er bedient und als er den Ausschank verließ, balancierte er auf einem Tablett eine kleine Flasche Prosecco, das dazugehörige Glas und eine Apfelschorle. Mit seinem kippeligen Besitz manövrierte er auf dem Kiesweg geschickt und schwitzend durch die Menschenmenge. Was musste der für eine tolle Freundin haben, für die er solche Strapazen auf sich nahm!

Als ich endlich meinen Eiskaffee bezahlt hatte, steuerte ich mit ihm die gleiche Richtung wie der junge Bursche an. Neugierig war ich nicht. Nein! – Oder? –

Liebe ist Lust und Leid

Ich entdeckte ihn an einem der kleinen Tische, an dem auch eine weibliche Person saß. Leider konnte ich sie und ihr violettes Hütchen nur von hinten sehen.
Als ich so unauffällig wie möglich an dem Tisch vorbei ging, hörte ich den Mann gerade sagen: „Lass es dir schmecken, Oma!"

Verdutzt drehte ich mich um und sah in das glücklich lächelnde Gesicht einer alten Dame.

Liebe ist Lust und Leid

Grażyna Werner

An meine Schwester

Ich schicke dir
das Rauschen des Meeres,
Fußspuren im Sand,
Stimmen der Vögel,
die ich nicht zu nennen vermag,
das Abbild einer Qualle,
Muscheln vom Ufer der Insel,
im Wind tanzende Gräser –
schade, dass wir so weit
voneinander sind.

Liebe ist Lust und Leid

Ursula Safar

Enttäuschung

Fast müsst' ich dich dafür hassen,
dass du mich total vergisst!
Hast mich einfach sitzen lassen,
weil du lieber Rosi küsst.

Doch du sollst es ruhig wissen,
dass ich auch nicht einsam bin.
Werde dich nicht lang' vermissen,
hab schon andere im Sinn.

Rudi kam, der blonde schlanke,
bot sich mir statt deiner an.
Und ich sagte: „Gerne, danke!",
ebenso zu Max und Jan.

Ach, ich könnt' noch manchen haben!
Klaus und Karl sind auch bereit,
meinen Garten umzugraben. –
Eile nicht, lass dir nur Zeit!

Liebe ist Lust und Leid

Brigitte Riedl

Bittere Erkenntnis

Die Luft ist klar und kühl.
Was bleibt, ist ein Gefühl.
Ich kann das Schweigen hören.
Das Glück herauf beschwören –
DAS KANN ICH LEIDER NICHT!

                Was bleibt, ist Einsamkeit.
                Die Sterne sind zu weit.
                Die Sehnsucht ist zu groß.
                Es gibt nur das Vergessen.
                Dazu fehlt mir die Kraft.

Mir bleiben nur die Träume
in leeren, kalten Räumen.
Wem kann man denn noch trauen?
An was soll man noch glauben,
auf sich allein gestellt?
                So ist sie, unsre Welt.

In der Natur erlebt

Ursula Safar

Zum Beginn – der Januar

Nun adieu, du altes Jahr!
Es gibt nichts zu bereuen.
Wenn's auch recht erfolgreich war,
erfreu'n wir uns des Neuen.

Es schlafen fest in Winters Ruh
still Felder, Wald und Garten.
Ein Bett aus Schnee deckt alles zu,
der Frühling muss noch warten.

Doch wenn der Frost auch zwicken mag,
freu'n wir uns trotzdem sehr:
Jetzt scheint die Sonne jeden Tag
ein kleines bisschen mehr!

In der Natur erlebt

Grażyna Werner

Unsicherheit

Kalter, feuchter Wind durchdringt den Körper bis ins Mark, die Schneepartikel fliegen ziellos herum, bevor sie zur Erde sinken. Selbst in Handschuhen frieren meine Hände, die Finger erstarren. Nur der durch die Fleeceweste gewärmte Oberkörper fühlt sich wohl.

Die Baumkronen schaukeln mal stärker, mal weniger stark. Ich blicke nach oben: Über mir ist der Himmel dunkel, beherrscht von Grautönen und schmutzigem Nachtblau. Südöstlich dominiert ein sanftes Hellblau, hinter einer perlgrauen Wolke blickt die Sonne hervor.

Ich frage mich, welche Hälfte des Himmels gewinnen würde.

Teilung des Himmels –
dunkle Wolken gegen
Strahlen der Sonne

In der Natur erlebt

Brigitte Riedl

Der erste Krokus

Der kleine Krokus steckte neugierig seinen Kopf aus der Erde. „Zu früh, du bist zu früh!" Der Spatz, der in der Hecke saß, schüttelte das Köpfchen. 'Na und?' dachte das vorwitzige Pflänzchen. 'Die Sonne ist doch schön warm.'

Doch mit einem Mal verdunkelte sich der Himmel und es wurde kalt. Der kleine Krokus fror sehr. Weiße Schneeflocken sanken herab und legten sich wie eine weiche Decke über ihn. „Schlaf noch ein wenig, wir wärmen dich", raunten sie leise.

Als der kleine Krokus wieder erwachte, war der Schnee getaut. Die Sonne schickte warme Strahlen und ein lauer Wind strich um seine Blütenknospen.

„Guten Morgen, Blümchen, es ist Frühling geworden", tschilpte der Spatz. „Nun kannst du die Menschen mit deiner Schönheit erfreuen!" Da lächelte der kleine Krokus und entfaltete die ganze Pracht seiner Blütenblätter, die der Farbe der Sonne glichen.

In der Natur erlebt

Grażyna Werner

Das Violett

Das Violett ist die Farbe des Frühlings, beginnend mit den ersten Krokussen, diesen in einem zarten Lila sowie jenen mit intensiveren Tönen.

Die Mitte des Frühlings duftet nach Flieder: Manchmal nach dem weißen, häufiger jedoch nach dem Lila mit seinen hellen, dunkleren oder oder mit den den besonders schönen Blüten, den violetten mit einer feinen Nuance von Rosa.

Mit ihrem Violett bezaubern die goldäugigen Stiefmütterchen und die ersten hohen, eleganten Schwertlilien.

An der Schwelle zum Sommer dominiert wiederum das Violett der Lupine mit kühleren Tönen, erinnernd an hunderte kleiner Schmetterlinge, die sich dicht aneinander reihen.

In der Natur erlebt

Brigitte Riedl

Frühling

Auf Kätzchenpfoten schleicht er sich heran
die Frühlingsboten lächeln scheu uns an.
Vögel singen frohe Lieder,
jedes Jahr die selben wieder.
Und dann ist er plötzlich da –
einfach so, wie jedes Jahr.

In der Natur erlebt

Grażyna Werner

Weißes Leuchten im Mai

Zuerst schweben über die Wiese die kleinsten Fallschirme, von den filigranen Kugeln der Pusteblumen abgetrennt.
Ihnen folgen blühende Kirschbäume wie Bräute in Spitzen aus weißen Blütenblättern.
Dann erscheinen die zarten Maiglöckchen, süß-bitterliche Erinnerung an die Wälder meiner Kindheit.

Majestätische Kastanienbäume erheben ihre Kerzenleuchter – das Weiß mit seinem rosa schimmernden Inneren zeigt sich inmitten der siebenfingrigen Blätter.
Zuletzt öffnen die Robinien mit ihrer Blüte das Tor zum Sommer. Ihre reinweißen Blütenstände, traubenähnlich geformt, bezaubern mit einem fast überirdischen Aroma.

Ich schließe die Augen und atme den weißesten aller Düfte ein.
Es ist so, als spiele jemand in der Nähe Chopin …

In der Natur erlebt

Brigitte Riedl

Das darf nicht passieren –
eine misslungene Krötenwanderung

Auf der Straße schmaler Breite
fährt ein Auto schnell dahin.
Ringsum in des Tages Weite
Vögel singen, Blumen blühn.

An der rechten Straßenseite sitzt die Kröte,
will hinüber auf die linke.
Sie denkt nach: Was mach ich nun?
Am besten ist es, wenn ich winke.

Sie tut es in ihrer Not –
wenig später ist sie tot.

Auf der Straße schmaler Breite
fährt das Auto immer weiter.
Hinter ihm auf dem Asphalt
liegt die Kröte, platt und kalt.

In der Natur erlebt

Grażyna Werner

Düfte der Nacht

Die Nacht duftet anders.
Der Himmel verschüttet Sterne,
die im Park die Laternen erhellen.

Die Nacht duftet intensiver
nach Wald,
nach Wiese,
nach Wasser,
nach Sand.

Die Nacht duftet
nach Geheimnis,
nach Unbekanntem,
nach Neuem.

Die Nacht duftet nach Frische
und nach meinem geheimen ICH.

In der Natur erlebt

Ursula Safar

Am Rande bemerkt

Was gibt es in einem Zoo zu beobachten? – „So eine dumme Frage?", werden Sie jetzt sicher denken. „Tiere natürlich!" – Und damit haben Sie ja auch Recht. Aber ich habe bei meinem letzten Besuch noch mehr gesehen.

Am Becken mit den Pinguinen teilte eine wohl selbsternannte 'Tierschützerin' ihrem Begleiter, für alle Umstehenden hörbar, mit: „Das ist doch Quälerei – die armen Tiere schwimmen immer im selben Kreis herum. Man sollte sie wieder zum Südpol bringen und dort freilassen!"
Ein schlagfertiger Herr neben ihr meinte: „Und Sie laufen zu Hause bestimmt immer vom Bad in die Küche, dann von Zimmer zu Zimmer und wieder zurück – ist das nicht der gleiche Trott? Sie hätten sicher auch gerne mehr Freiheit irgendwo in der Steppe oder im Urwald!"

Na ja, der Vergleich passte zwar nicht ganz, aber die anderen Leute lachten. Außerdem hatte die Dame wohl die Hinweisschilder nicht gelesen, die darauf hinwiesen, dass diese Humboldt-Pinguine im Pazifik vor Peru und Nordchile lebten und ihr Bestand dort inzwischen gefährdet war.
Auf einer Bank saß ein Ehepaar mittleren Alters. Im Vorbeigehen hörte ich den Mann eben sagen: „Über der weißen Saxifraga liegen ein paar grobe, graubraune Sandsteinbrocken, dazwischen wächst das Kleinblättrige Immergrün." –

In der Natur erlebt

Ich schaute mich um: Aha, der Bank gegenüber war auf einem Hang ein sehr hübscher Steingarten angelegt, an dem ich, ohne diese Erklärung zu hören, sicher achtlos vorbei gegangen wäre.
„Blüht das Immergrün weiß oder violett?", fragte die Frau. 'Aber das sieht man doch!' dachte ich und sah die Frau an. Ihr Blick ging irgendwo ins Leere. Sie war blind und ich schämte mich ein wenig.

Mich rührte die Fürsorge und die Aufmerksamkeit des Mannes. Ich nahm mir vor, im Weitergehen nun auch mehr auf die Dinge am Rande des Weges zu achten.

Ayo und Tamika sind Halbgeschwister, die den selben Vater haben. Ihre Mütter leben friedlich miteinander und erziehen ihre Kinder wechselseitig, wie es bei fürsorglichen Kühen üblich ist. Bei Elefantenkühen.

Ich saß unweit ihres Zoogeheges auf einer Bank und beobachtete nicht nur die beiden einjährigen Tierbabys, sondern auch zwei Kinder – ebenfalls ein Junge und ein Mädchen – die es den Minifanten gleichtun wollten: Sie formten aus ihren Armen Rüssel und neckten sich damit gegenseitig.

Ein kräftiger Schubser mit der Stirn oder dem Hinterteil beförderte dann auch mal den einen, mal den anderen der kleinen Darsteller ins Gras. Dabei schnaubten und quiekten sie wie ihre Vorbilder.
Wir Zuschauer lachten und amüsierten uns köstlich.

In der Natur erlebt

Plötzlich geschah auf der anderen Seite der Absperrung etwas Neues: Tamika hob ihr dünnes Schwänzchen, knickte auf den leicht gespreizten Hinterbeinen etwas ein und dann platschte zwei-, dreimal etwas Feuchtes, Stinkendes in den Sand.

Interessiert schauten die beiden Menschenkinder zu und auf ihren nachdenklichen Gesichtern stand deutlich die Frage zu lesen: Wie könnten wir das nun nachspielen?

In der Natur erlebt

Grażyna Werner

Im Brombeerdickicht

An Brombeersträuchern hängen schwer
schwarz-blaue Beeren,
glänzen prächtig, versprechen saftige Genüsse.
Reiche Ernte ist sicher, denn sonnige Küsse
wollen mit Zauberkräften Wonne bescheren.

Wachsame Spinnen achten auf die Naturschätze,
lauern in ihren Fallen, versteckt zwischen Blättern,
bis sich Wespen verfangen in silbrigen Netzen,
gelockt durch reife Früchte und sonniges Wetter.

Uns verwehren die Dornen den Zugang vergebens
jeden Sammler umarmen fest die Dornenzweige,
doch schwarze Beeren locken uns ihre Reife zeigend,
versprechen Gaumenfreuden, Aromen des Lebens.

In der Natur erlebt

Brigitte Riedl

Pilze sammeln im Herbst

Die Eltern fuhren mit uns drei Mädels an den Wochenenden oft in den Wald, um dort Pilze zu sammeln. Einerseits um den Speiseplan aufzubessern, andererseits weil Vater und ich die Natur sehr liebten.
Im Wald bekamen wir Kinder jedes Mal die gleichen Verhaltensregeln zu hören: „Bewegt euch leise, tretet keine Pilze um, bleibt in Sichtweite!"
Wir kannten sie auswendig! Jeder bekam einen Korb und dann schwärmten wir unter den wachsamen Augen der Eltern aus. Wie immer.

Einmal hatte ich keine richtige Lust und schlenderte nur vor mich hin. Es roch nach feuchtem Moos und die Bäume rauschten. Die Eichelhäher, die uns mit großem Geschrei angekündigt hatten, waren nun weg und die anderen Vögel schwiegen auch.

Ab und zu konnte ich die Stimmen meiner Familie hören. Es war einfach nur schön, allein zu sein und den Wald zu spüren. Sonst war ich immer mit großem Sammeleifer bei der Sache gewesen – an diesem Tag einmal nicht!

Mit dem Rücken setzte ich mich an den Stamm einer Fichte, sah den Ameisen zu und zählte die Kienäpfel um mich herum. Dann fiel mein Blick auf den kleinen Fliegenpilz. Ein paar Fliegen umkreisten ihn und es kam mir so vor, als würde er mich traurig angucken.

In der Natur erlebt

In den tiefen Taschen meiner Hose hatte ich immer einen Bleistiftstummel und Papier. Warum das so war, weiß ich heute nicht mehr. Ich blickte lange auf den Pilz und dann schrieb ich, bis die Eltern mich riefen.

Vater guckte mich zuerst strafend an, weil ich keine Pilze im Korb hatte. Da gab ich ihm mein Gedicht. Er las es aufmerksam. Danach schaute er mich ernst an und mir war so, als ob er mich zum ersten Mal richtig ansah.
„Hast du ihn zertreten?" – „Nein." – „Schreib es sauber ab und hebe es gut auf!" Mit diesen Worten reichte er mir den Zettel zurück.
Ich habe seinen Rat befolgt:

Der kleine Fliegenpilz

Er steht im Wald im dichten Moos
und wünscht sich sehr, er wäre groß.
Die Fliegen summen um ihn rum,
ihm wird davon im Kopf ganz dumm.
Ein dicker Brummer kommt geflogen,
will von dem roten Hut mal proben.
Doch pfui! Er spuckt und schilt:
„Du bist ein ganz schön bittrer Pilz!"
Und wieder ist er ganz allein.
Ach, wäre er doch nicht so klein!
Wär er doch groß mit braunem Hut
und schmeckte in der Suppe gut!

In der Natur erlebt

Dann ständ er nicht alleine hier,
läg auf 'nem Braten, so als Zier.
Und weiter träumt der kleine Kerl
und denkt: *„Ach könnte ich einmal ..."*
Da kommt ein kleiner Kinderschuh
und ohne Absicht tritt er zu.
„Ade, du Wald, du grünes Moos,
nun werde ich niemals mehr groß,
denn nun lieg ich zertreten hier –
ich, der ich war des Mooses Zier."

In der Natur erlebt

Ursula Safar

September –
Kastanienzeit

Igel, die auf Bäumen sitzen
in weiten Blätterkronen,
grün und rund mit Stachelspitzen,
drin braune Kugeln wohnen.

Ich steh unterm Kastanienbaum,
denk an frühe Kinderspiele:
Sammeln, Basteln – welch ein Traum!
Kastanien fallen – – Aua! – viele.

In der Natur erlebt

Brigitte Riedl

Oktober

Wenn die Luft klar wird zum Atmen
und die Felder kahl und leer,
früh die Nebelschwaden wogen
wie ein weites, fernes Meer.

Wenn sich der Sonne goldne Strahlen
ihren Weg durch den Nebel bahnen,
der Tau auf den Wiesen glitzern lässt.
Wenn Regen, rau und kalt, die Welt durchnässt.

Wenn Laub, das grün erst war,
nun bunt zur Erde schwebt,
und übers ganze weite Land
eine stille Traurigkeit sich legt.

Wenn der Sturm, des Herbstes Ritter,
die kahlen Zweige peitscht
und mit den letzten bunten Blättern
sich die düstere Zeit vertreibt.

Wenn früh beginnt die Dämmerung,
dann bleibt an heiße Sommertage
nur noch die Erinnerung.

In der Natur erlebt

Brigitte Riedl

Oktoberluft

Ein kleiner Hauch von Sommerduft
liegt noch in der Oktoberluft.
Kinder lassen Drachen steigen,
Blätter tanzen bunt im Reigen.

Spinnen weben ihre Fäden,
die wie Engelshaare schweben.
Herbststurm hält sich noch zum Glück
mit seiner rauen Macht zurück.

In der Natur erlebt

Grażyna Werner

Momentaufnahme

Die Nebelwolken kommen hinter den Bäumen vor, schweben zwischen den Sträuchern. Sie umhüllen mich mit einem zarten Hauch, nehmen mich mit in eine ruhigere Welt.

Der Himmel sollte heute einen anderen Namen tragen, er ist fast farblos, monoton in seinem milchigen Grau, wie eine Glocke aus Rauchglas.
Die Welt scheint verwaschen zu sein, erstarrt, reglos.

Die nackten Zweige vermögen es nicht, die verwaisten Vogelnester zu verstecken. Ein Taxus, an einen Buchsbaum geschmiegt, zeigt sich wie eine nachdenkliche Riesenschnecke. Lediglich die Lichter unter dem Wasserspiegel funkeln wie geheimnisvolle Brillanten.

In der Natur erlebt

Grażyna Werner

Novemberharmonie

Reglos steht die alte Mühle,
modrig riechen feuchte Blätter.
Ich genieße Herbstes Stille,
Novembers sonniges Wetter.

Gräser im Reif silbrig glitzern,
wolkenlos die Himmelsferne,
Baumkronen wie feinste Spitze –
meine Seele greift die Sterne.

Jedes Lied hat eine letzte Strophe

Brigitte Riedl

Die bösen Falten

Es ist, wie es ist: Das Alter kommt
und mit ihm kommen die Falten.
Nun kann ich mich selbst nicht mehr
für Anfang fünfzig halten.
Es tut mir in der Seele weh,
wenn ich in den Spiegel seh.
Werde ich mich dran gewöhnen?
Werden andre mich verhöhnen
oder über mich lachen?
Was soll ich nur machen?

Wie sagen doch die Alten?
Liebe deine Falten!
Falten sind schön, Falten sind nett,
sie liegen zusammen mit dir im Bett,
halten zu dir, halten dich fest.
Keine Falte dich je wieder verlässt.
Sie machen klug, sie machen schlau.
Aber nicht glücklich! – Das weiß ich genau.

Ursula Safar

Alles im Griff

Nicht nur äußerlich verändert man sich mit zunehmendem Alter – auch der Grips lässt nach. Niemand möchte es recht wahrhaben, aber irgendwann muss man sich die Tatsache selber eingestehen. Ich auch.
Ohne meinen Einkaufszettel bringe ich nur einen Teil des Benötigten nach Hause und wichtige Termine notiere ich mir zur Vorsicht gleich auf mehrere, sinnvoll verteilte Zettel.

Wenn ich die Wohnung verlasse, vergewissere ich mich, ob ich auch nichts vergessen habe: Der Herd ist ausgeschaltet, die Fenster sind geschlossen. Habe ich den Schirm eingesteckt, das Portmonee? Ist in letzterem auch genug Geld? Schnell noch einmal die Haare kämmen – ach so, habe ich ja schon.
Die Brille gehört griffbereit in die Jackentasche. Jetzt noch das Schlüsselbund und dann ein letzter Kontrollblick:

Herd ist aus, Fenster zu, Geld, Portmonee und Schirm sind in der Tasche. Sind die Taschentücher im Seitenfach? Ja, wie immer. Ach ja, die Armbanduhr – beinahe vergessen!

Jetzt aber los! (Herd, Fenster, Portmonee, Brille, … ?) – – Endlich fällt hinter mir die Haustür ins Schloss und ich stehe ich auf der Straße. In Hausschuhen.

Ursula Safar

In Gesellschaft

Es war wieder einmal Dienstag. Werner war an einem Dienstag gestorben und seit vier Jahren tippelte Roswitha deshalb pünktlich an diesem Wochentag – wenn es das Wetter nur einigermaßen zuließ – mit Gießkännchen, Tasche und Stock zum Friedhof.
In der Tasche befand sich unter anderem eine kleine Schaufel und den Stock brauchte sie seit vergangenem Jahr als Stütze, weil sie sich mit ihren sechsundsiebzig Jahren auf dem schadhaften Gehweg damit sicherer fühlte.

Zuerst war sie diesen Weg aus Trauer um ihren Gatten gegangen, mit dem sie eine lange und glückliche, aber kinderlose Ehe geführt hatte. Nachdem der erste heftige Schmerz vorüber war, kam sie aus Pflichtgefühl, später aus Gewohnheit immer dienstags zu seinem Grab.

Was hätte sie auch sonst in ihrer Einsamkeit anfangen sollen? Hier hielt sie Zwiesprache, die nach und nach immer mehr alltägliche Probleme, wie etwa den letzten Arztbesuch wegen ihres Blutdrucks oder den Wäschetag, zum Inhalt hatten.

In den Grabstein hatte sie schon ihren Namen und ihr Geburtsdatum eingravieren lassen. Bei diesem Anblick seufzte sie jedes Mal tief auf. Diesmal vergoss sie sogar etliche Tränen: Heute hätte sie mit ihrem Werner dessen achtzigsten Geburtstag feiern können.

Jedes Lied hat eine letzte Strophe

Roswitha wurde durch Stimmen aus ihren Gedanken gerissen. Nur wenige Grabreihen entfernt fand eine Beisetzung statt, an der eine größere Gesellschaft teilnahm. Ob es sich etwa um eine bekannte Persönlichkeit handelte? Ein wenig neugierig war Roswitha schon. Sie ließ ihre Gießkanne stehen, nahm nur Tasche und Stock mit und näherte sich trotz ihrer verweinten Augen der Stätte.

Aus den Worten des Redners entnahm sie, dass hier eine alte Dame ihre letzte Ruhe finden sollte, die ihrem bereits verstorbenen Gatten folgte. Das erinnerte Roswitha nun so stark an ihre eigene Lage, dass sie die Tränen nicht mehr zurückhalten konnte und heftig schluchzte. Ein Herr mittleren Alters legte tröstend seinen Arm um ihre Schultern.

Kurz darauf war die Zeremonie beendet. Der gleiche Mann hakte sich nun bei Roswitha unter und geleitete sie fürsorglich zum Ausgang des Friedhofs. Ihr tat dieses Mitgefühl wohl und sie überließ sich ganz ihrem Führer.
In nur weniger als dreihundert Metern Entfernung befand sich eine gepflegte Gaststätte, auf welche der größte Teil der Trauergäste zusteuerte.

Erst als ihr Begleiter ihr die Tür des Lokals aufhielt, kam Roswitha zum Bewusstsein, dass sie nicht hierher gehörte und es sich offensichtlich um einen Irrtum handelte.
Doch nun hatte sie nicht mehr den Mut, das Missverständnis aufzuklären. Sie ließ sich an einen der reservierten Tische führen und als dann die Bedienung die Speisen aufgetragen hatte, langte auch sie wie die anderen kräftig zu.

Jedes Lied hat eine letzte Strophe

Schon lange hatte ihr ein Essen nicht mehr so gut geschmeckt! Und es außerdem auch noch serviert zu bekommen und in Gesellschaft genießen zu können, war eine ungewohnte, aber sehr angenehme Erfahrung.

Ein paar ihrer Tischgenossen richteten manchmal das Wort an sie: Ob sie auch der Meinung sei, dass der Tod für die Hingeschiedene eine Erlösung bedeutet hätte? Oder: Ob sie wisse, dass die einzige Tochter sich bis zum Ende rührend um die Mutter gekümmert habe? Roswitha beantwortet alle Fragen mit höflichen, aber ausweichenden Worten.

Trotzdem wurde sie ein Schuldgefühl nicht los: Sie nahm an etwas teil und eignete sich etwas an, das ihr nicht zustand. So nutzte sie die erste Gelegenheit nach dem Dessert und entschuldigte sich mit einem Blick auf das Hinweisschild zum WC.
Zum Glück geriet sie dabei aus dem Blickfeld der übrigen Gäste. Sie verließ das Haus und eilte zum Friedhof zurück, um ihre Gießkanne zu holen.

Bevor sie aber nach Hause ging, musste sie ihrem Werner noch von dem Abenteuer erzählen und dabei konnte sie ein heimliches Kichern nicht unterdrücken. Sie kam sich vor wie ein Kind nach einem gelungenen Streich.

Zu Hause blätterte Roswitha in den Tageszeitungen der letzten Woche. Nun erfuhr sie durch die Todesanzeige sogar, um wen es sich bei der Verstorbenen gehandelt hatte und sie nahm sich vor, bei ihrem nächsten Besuch des Friedhofs als kleine Sühne ein paar Blumen für sie mitzunehmen.

Jedes Lied hat eine letzte Strophe

Einmal aufmerksam geworden, las Roswitha weitere Anzeigen, doch niemand der Genannten war ihr bekannt. Dabei wurde ihr bewusst, dass ihr eigener Name niemals an dieser Stelle erscheinen würde: Angehörige hatte sie keine und die Nachbarn, mit denen sie manchmal ein paar Worte wechselte, würden sich die Mühe gewiss nicht machen.

Dann wurde sie von einer, nein, von gleich zwei umfangreichen Anzeigen gefesselt, die beide zur selben Person gehörten: Einmal zeigten etliche Familienangehörige den Tod ihres Vaters, Onkels, Bruders usw. an, das nächste Mal würdigten die Mitglieder und Studenten der hiesigen Universität das Verdienst des verstorbenen Professors. Die Beisetzung war für den kommenden Dienstag angekündigt.

Roswitha nahm sich vor, bei ihrem obligatorischen Friedhofsbesuch nach diesem Ereignis Ausschau zu halten. Dazu brach sie schon früher auf als sonst und ging einige Umwege zwischen den Gräbern entlang, bis sie in einem entfernteren Teil der Anlage die frisch ausgehobene Grube fand. Dann erledigte sie ihre Pflegearbeiten auf dem Grab ihres Mannes, setzte sich auf die Bank ganz in der Nähe und wartete.

„Werner, du musst nicht glauben, dass ich neugierig bin", erklärte sie in gewohnter Weise dem nicht Anwesenden. „Aber ich habe ja sonst kaum eine Abwechslung. – Nein, nein, zum Leichenschmaus gehe ich natürlich nicht wieder. Das war ja auch nur aus Versehen passiert."
So plauderte sie noch eine Weile weiter, bis sie ihre Entschuldigungen selber glaubte.

Jedes Lied hat eine letzte Strophe

Endlich sah sie von weitem etliche Leute, die sich um die neue Grabstelle versammelten. Sie wartete noch einige Zeit. Erst als ein Bläserquartett eine schwermütige Melodie spielte, näherte sie sich langsam und so unauffällig wie möglich der recht umfangreichen Trauergesellschaft. Zu ihr gehörten sowohl jüngere als auch ältere Personen.

Roswitha stellte sich in die Nähe einer älteren Dame, die ein altmodisches Hütchen mit einem kurzen schwarzen Schleier trug. Neben ihr glaubte sie am wenigsten aufzufallen.
Dann lauschte sie den ergreifenden Worten des Redners, die sie zu Tränen rührten. Als danach die Bläser noch einmal eine zu Herzen gehende Weise spielten, verspürte sie ein echtes Mitgefühl und schluchzte ebenso wie manche anderen.

Nach der Beisetzung löste sich die Gesellschaft in mehrere Gruppen auf. Einige Leute, es waren vor allem die jüngeren, blieben noch ein Weilchen leise redend stehen, die restlichen strebten dem Ausgang des Friedhofs zu.
Hier teilte sich die Trauergemeinschaft noch einmal. Etliche Personen gingen zu ihren geparkten Autos, um davonzufahren, die meisten jedoch – noch etwa vierzig bis fünfzig – suchten die bereits bekannte nahegelegene Gaststätte auf.

Roswitha wurde wie von selbst von dieser Gruppe Menschen mitgezogen, jedenfalls tat sie nichts, um sich von ihr fernzuhalten. Vielleicht war es ja auch die Dame mit dem Schleierhütchen, die in der Gruppe mitging und der sie sich irgendwie verbunden fühlte.

Jedes Lied hat eine letzte Strophe

Diesmal war ein umfangreiches Buffet aufgebaut worden, an dem sich jeder Gast nach Belieben mit warmen oder kalten Speisen sowie Getränken bedienen durfte. Manche der angebotenen Dinge kannte Roswitha gar nicht und sie häufte sich davon zunächst ein paar Häppchen zum Probieren auf ihren Teller.

Plötzlich waren alle guten Vorsätze und Schuldgefühle vergessen. Sie fühlte sich wie selbstverständlich dazu gehörig. Trotzdem achtete sie sehr darauf, in der Nähe der Unbekannten mit dem Hütchen zu bleiben und sich genau so zu benehmen wie diese.

Dabei belauschte Roswitha ungewollt ein Gespräch zwischen ihr und einem Herrn mittleren Alters sowie einem noch sehr jungen Mann. Der Ältere fragte die Dame in höflichem Ton, zu welchem Zweig der Familie sie gehöre. Die Frau wurde sichtlich nervös und gab schließlich an, den Verstorbenen aus der gemeinsamen Kinder- und Jugendzeit zu kennen.

Darauf richtete der Jüngere ein paar Worte in einer fremden Sprache an sie. Verunsichert schaute sie von einem zum anderen bis der ältere Mann ihr erklärend zu Hilfe kam: „Mein Neffe fragte Sie eben auf spanisch, wann Sie denn von Mendoza nach Deutschland gekommen sind. Mein Bruder, der leider nur sechsundfünfzig Jahre alt wurde und dem wir heute die letzte Ehre erwiesen haben, ist nämlich genau wir ich in Argentinien groß geworden."

Die Herren tauschten einen raschen Blick, doch wollten sie die alte Dame wohl nicht vor allen Leuten kompromittieren.

Jedes Lied hat eine letzte Strophe

Sie deuteten eine leichte Verbeugung ihr gegenüber an und wendeten sich schmunzelnd ab.
Roswitha, die gerade von einem Lachsschnittchen abbeißen wollte, blieb der Mund offen stehen. Zu offensichtlich war die arme Frau der Lüge überführt worden und ihr wurde ihre eigene Lage wieder bewusst.

Die Fremde stellte ihren Teller ab und verließ so unauffällig wie möglich mit hochrotem Kopf das Lokal.
Roswitha tat es ihr gleich, doch war sie statt dessen blass geworden. Ihr tat die andere Frau leid. Sie sprach diese auf der Straße direkt an und wollte sie trösten. Deshalb beichtete sie sofort, dass auch sie sich nur eingeschmuggelt hatte.
Verblüfft schaute die andere sie einen Moment lang an, doch dann prustete sie los: „Was denn, Sie auch?!"
Roswitha nickte und dann musste auch sie lachen.

Wenig später gingen die neuen Freundinnen Inge und Roswitha Arm in Arm und wie Schulmädchen kichernd die Straße entlang.

Ob sie ihre Abenteuer bei anderen Gelegenheiten wiederholt haben, ist nicht bekannt, doch sollen neulich an einer Hochzeitsgesellschaft zwei ältere Damen teilgenommen haben, deren Zuordnung den übrigen Gästen Rätsel aufgab.

Jedes Lied hat eine letzte Strophe

Brigitte Riedl

Das letzte Spiel

Ich gehe in Gedanken versunken am Fluss entlang.
Auf einer Bank sitzt ein alter Mann und schaut mich an.
Mein Blick fragt ihn: „He, was geht?"
Er fragt zurück: „Ist es wirklich schon so spät?"
'Guck doch selbst auf die Uhr', denk ich und will weitergehen,
doch etwas in mir sagt: 'Bleib doch mal stehen,
lass doch die Welt sich drehen und renn nicht hinterher,
dir fällt doch so langsam selbst das Gehen schwer.'

Ich drehe mich noch einmal hin zu der Bank,
doch der Mann ist weg. – Wo ging er lang?
'Egal', denke ich, 'hab ich die Bank ganz für mich'.
Doch ich setze mich nicht.
Denn plötzlich wird mir klar, wie es weitergeht,
Jahr für Jahr.
Ob ich irgendwo verweile oder sinnlos mich beeile –
die Zeit wird so oder so verrinnen.

Das Spiel, dieses letzte, wird keiner gewinnen.

Brigitte Riedl

Der alte Mann mit der Mundharmonika

Auf dem Gehweg an die Hauswand gelehnt, saß ein alter Mann. Er sah müde aus. Der Hund neben ihm döste vor sich hin.
Ab und zu holte der Alte eine Mundharmonika aus seiner Jackentasche und spielte etwas. Die Leute eilten vorbei, kaum einer beachtete ihn.

Ein junges Pärchen kam zu ihm. Es blieb stehen und der Junge hörte ihm interessiert zu. Dann setzte er sich neben ihn. Der alte Mann hörte auf zu spielen. Er hielt seine Mundharmonika ängstlich fest. Das Mädchen kniete sich neben den Hund und begann ihn zu streicheln.

„Was wollt ihr?". Die Stimme des Mundharmonikaspielers klang dünn. „Tschuldigung," sagte der Junge und sah ihn schüchtern an. „Aber ich wollte nur wissen, wie Sie das machen: so gut spielen."
Er holte aus seiner Hosentasche auch eine Mundharmonika und spielte ein paar Töne. „Hört sich irgendwie falsch an." Er klopfte resigniert sein Instrument aus und steckte es wieder ein.

Der Musikant lächelte den Jungen an. „Du musst üben, viel üben. Sehr viel üben. Ich hab auch lange gebraucht." Dann ergänzte er: „Und es muss dir Freude machen."
„Wenn Sie so gut spielen, warum sitzen Sie hier?" Das Mädchen kraulte immer noch den Hund, der die Augen geschlossen hatte.

Jedes Lied hat eine letzte Strophe

Der Alte sah nachdenklich aus und antwortete leise: „Ich bereite mich auf die letzten Strophe vor, auf den letzten Ton in meiner Melodie."
Der Junge sah den Mann bestürzt an. „Aber warum, wie meinen Sie das ?"
„Ich habe mein Leben gelebt und es war gut so wie es war."

Dann holte der alte Mann seine Mundharmonika wieder heraus und spielte. Die Melodie klang wehmütig und sehnsuchtsvoll.
Der Junge hörte ihm zu. Den Kopf hatte er erhoben und die Augen geschlossen.
Er hatte verstanden.

Grażyna Werner

Im Anblick der Endgültigkeit

wenn mein Licht erlischt
bringt meine Asche in den Wald
mögen Vögel für mich singen
Blätter rauschen
Robinien und Linden duften

ich gehe von hier auf die himmlischen Bergwiesen
mit einem Paddel in der Hand
ich finde wieder Wildwasser
gleite auf Stromschnellen ins Tal
wo der Fluss beginnt sich zu schlängeln

Wasserplätschern mit jedem Paddelschlag
wird mich an damals erinnern
dank dem immer langsameren Flusslauf
werde ich die Welt beobachten
die Welt jenseits des Regenbogens

Brigitte Riedl

Am letzten Ort

Ich träumte heut von einem Ort,
wo alle Seelen sich vereinen,
wo Menschen still um Menschen weinen.
Ich wachte auf und wollt' nur fort,
ohne Blick und ohne Wort,
dorthin, wo es Leben gibt,
wo ein Mensch den andern liebt.
Mittendrin und nicht allein.
Ich seh' die Sonne, seh' das Licht.
Mehr will ich nicht.

Doch an jenem dunklen Ort
ist auch Ruhe, steht die Zeit.
In dem Schatten alter Bäume
liegen unsre letzten Träume,
liegt das Ich und liegt das Sein.
Und niemand wird das Rätsel lösen,
wer ich war und wie gewesen.

Brigitte Riedl

Abschied in die Ewigkeit

Wenn meine Seele von euch geht,
mein Herz wird immer bleiben.
Und ist der größte Schmerz vorbei,
dann werdet ihr begreifen,
dass nichts und niemand auf der Erde
für immer ist, unsterblich werde.
Keiner wird ewig leben.
Der Abschied steht seit der Geburt
uns auf der Stirn geschrieben.

ISBN 978-3-7450-1699-4
www.epubli.de